BIBLIOTHÈQUE

DES

ÉCOLES CHRÉTIENNES

APPROUVÉE

PAR S. ÉM. LE CARDINAL ARCHEVÊQUE DE TOURS

260

La vue de l'ennemi rappelait instinctivement autour des aigles
les déplorables débris de la grande armée.

LES FRANÇAIS
EN RUSSIE

SOUVENIRS

DE LA CAMPAGNE DE 1812

ET DE DEUX ANS DE CAPTIVITÉ EN RUSSIE

PAR J.-J.-E. ROY

TOURS

Aᴅ MAME ET Cⁱᴱ, IMPRIMEURS-LIBRAIRES

M DCCC LVI

Nous avons publié sous ces titres : *Les Français en Egypte,* et *Les Français en Espagne,* des souvenirs de nos guerres dans ces contrées, souvenirs que nous avions recueillis de la bouche d'un officier qui avait pris part à ces expéditions.

Nous publions aujourd'hui sous le titre : *Les Français en Russie,* des souvenirs de la mémorable campagne de 1812 et de la captivité des soldats français en Russie. Ces renseignements nous ont été fournis aussi par un témoin oculaire, le docteur M...., médecin militaire attaché à la grande armée pendant cette expédition. Les récits du docteur étaient d'autant plus intéressants, qu'il n'avait d'autre prétention que de retracer avec vérité et simplicité les faits qu'il avait vus, et auxquels il avait pris part, quoique cette part fût bien minime, nous disait-il modestement, *quorum pars parva fui.* Et d'ailleurs, n'est-on pas toujours sûr d'intéresser quand on retrace l'histoire de cette époque glorieuse et funeste commencée par des exploits héroïques

1

et terminée par les plus épouvantables désastres? Quarante-trois ans nous séparent de ces grands et terribles événements, et cependant leur souvenir nous émeut et nous touche encore comme au lendemain du jour où ils se sont accomplis. Une circonstance vient de plus leur donner aujourd'hui un intérêt tout nouveau et, pour ainsi dire, d'actualité : c'est la guerre que la France soutient en ce moment même contre la Russie : on aime à comparer les héros de Smolensk et de la Moskova avec les héros de l'Alma et d'Inkermann, et l'on est fier de trouver dans les vainqueurs de Sébastopol les vengeurs des désastres de la Bérésina.

Les appréciations du docteur M.... sur les mœurs et les usages des Russes, sur l'esclavage et ses effets, sur la religion et l'Église soi-disant *orthodoxe*, nous ont paru empreintes de justice et d'impartialité; et cette partie de son récit ne sera pas, nous l'espérons, la moins intéressante pour les lecteurs.

LES FRANÇAIS

EN RUSSIE

SOUVENIRS

DE LA CAMPAGNE DE 1812

ET DE DEUX ANS DE CAPTIVITÉ EN RUSSIE

———

CHAPITRE I

Situation politique de la France et des grands États de l'Europe au
commencement de 1812. — Préparatifs de guerre. — Marche de la
grande armée à travers l'Allemagne. — Départ de Napoléon pour
l'armée. — Son arrivée à Dresde. — Arrivée à Kœnisberg. — Je rejoins
l'armée. — Remarques sur l'immensité des convois et sur la compo-
sition de l'armée. — Proclamation de l'Empereur. — Passage du
Niémen. — Impressions que j'éprouve. — Réflexions. — L'ambition
d'un gouvernement plus dangereuse que l'ambition d'un homme. —
Testament de Pierre Ier.

Avant d'esquisser les événements les plus mémorables
de cette campagne de 1812, il est indispensable d'exposer en peu de mots la situation politique des grands États
de l'Europe au commencement de cette même année.

La France était alors à l'apogée de sa gloire et de sa
puissance. Son empire était presque aussi étendu que
celui de Charlemagne, et ceux des peuples de l'Europe

qui n'obéissaient pas directement à ses lois, étaient soumis à son influence. L'Angleterre seule, grâce à sa position insulaire, était restée indépendante; mais si Napoléon ne pouvait l'atteindre par les armes, il la mena-çait d'une ruine prochaine en détruisant son commerce au moyen du blocus continental. Cette mesure du reste ne fatiguait pas moins les alliés de la France que la nation même contre qui elle était prise, et le gouvernement an-glais, fidèle à un système qui était pour lui une question d'existence, voyait avec satisfaction ces dispositions de nos alliés, et s'apprêtait à en profiter dès qu'une occasion favorable se présenterait. L'Espagne lui servait de point d'appui; les ressources stratégiques de cette contrée, le courage exalté de ses habitants, balançaient la fortune de Napoléon en absorbant l'énergie de ses armées. L'Autriche respirait à la faveur d'une alliance qui cou-vrait sa faiblesse; elle comptait s'en faire un titre pour réparer quelques-unes de ses pertes si le sort des armes restait favorable à Napoléon, et le sacrifier aux intérêts de sa politique dans le cas où des revers auraient frappé l'époux de Marie-Louise.

La Prusse, réduite à une armée de quarante mille hommes, était forcée d'embrasser la cause dont le triomphe l'humiliait; cette puissance avait à craindre, si la Russie prenait l'offensive, de voir ses provinces envahies devenir le théâtre d'une lutte menaçante; son rôle désormais consistait à suivre fatalement le parti du vainqueur.

La France, dont le motif avoué était l'abaissement de l'Angleterre, ne pouvait arriver à ce résultat sans s'arroger en Europe un pouvoir dictatorial, qui blessait les souverains dans leur orgueil et les peuples dans leurs intérêts les plus essentiels. L'incorporation du Hanovre au royaume de Westphalie; la cession de Francfort et de son territoire au prince-primat de la confédération du Rhin, et par substitution à Eugène de Beauharnais; la réunion à l'empire français du Brabant hollandais, de la Zélande et d'une partie de la Gueldre; celle des pays situés sur les côtes de la mer du Nord, avec Brême et Hambourg, le duché de Lauenbourg et Lubeck : telles furent, dans le cours de 1810, les acquisitions que Napoléon avait jugées nécessaires, mais qui, par leur position excentrique, privaient la France de cette unité homogène qui fait sa force et sa sécurité.

Ces divers envahissements s'étaient opérés sans qu'aucune puissance continentale osât élever la moindre réclamation; cela se conçoit par suite de l'affaiblissement de celles qui auraient pu protester; mais la Russie n'était point dans ce cas, et cependant elle parut voir sans trop d'inquiétude cet agrandissement de l'empire français vers le Nord. Il est vrai qu'en même temps elle venait elle-même de s'emparer de la Finlande et de la réunir à ses États, sans que la France en eût témoigné ni surprise ni mécontentement. Seulement, comme les États héréditaires du duc d'Oldenbourg, beau-frère d'Alexandre Ier, s'étaient trouvés englobés dans les provinces baltiques récemment incorporées au territoire français, l'empereur de Russie se plaignit d'une mesure *qui portait atteinte à ses relations amicales avec Napoléon.* Ces représentations furent vaines; et ce fut autour de ce point d'une si faible importance que la politique russe eut l'art de rattacher ses autres griefs : dès lors on put prévoir une rupture prochaine.

Au commencement de 1812, on ne doutait plus en France de la guerre avec la Russie; on achevait de remonter la cavalerie et l'artillerie, et de mettre les corps au complet; on rappelait quelques troupes d'Espagne; on réunissait les troupes françaises et alliées en corps d'armée, qu'on dirigeait ensuite vers la Vistule. La garde quitta Paris dans les premiers jours de mars pour prendre la même direction.

Tandis que ces troupes traversaient l'Allemagne pour se rendre à leurs destinations, Napoléon faisait signer à l'Autriche et à la Prusse des traités d'alliance offensive et défensive dirigés contre la Russie : par le premier, la France et l'Autriche se garantissaient réciproquement l'intégrité de leurs possessions, et garantissaient aussi l'intégrité de celles de la Porte Ottomane en Europe; elles s'engageaient à se fournir mutuellement, dans le cas où elles seraient attaquées ou menacées, un secours de trente mille hommes. Par le second, la Prusse s'engageait à fournir un nombre à peu près égal de troupes.

L'Europe entière semblait devoir prendre part à la lutte qui allait s'engager. Napoléon disposait en maître

de tous les pays qui composaient l'empire français (1),
de ceux qui formaient la confédération du Rhin, de
l'Italie, de l'Illyrie, de la Dalmatie et du grand-duché
de Varsovie. L'Autriche, la Prusse, la Suisse et le Danemark étaient ses alliés. La coopération de la Turquie,
alors en guerre avec la Russie, lui semblait assurée ;
il espérait obtenir celle de la Suède en lui promettant le
recouvrement de la Finlande, et avec l'aide de Bernadotte,
son ancien compagnon d'armes, récemment élu prince
royal de Suède.

La Russie n'avait point d'allié ostensible ; mais elle
comptait sur l'Angleterre, toujours disposée à secourir
puissamment tous les ennemis de Napoléon ; elle négo-
ciait avec la Turquie une paix qu'elle espérait acheter
par quelques sacrifices, et se flattait de contracter une
alliance avec la Suède, en mettant à profit la jalousie qui
existait entre Bernadotte et Napoléon, et en promettant
de dédommager la Suède de la perte de la Finlande par
l'adjonction de la Norwége. En effet, le 24 mars, ce traité
fut conclu avec Bernadotte, qui, oubliant l'origine de
sa gloire et foulant aux pieds le souvenir de sa première
patrie, s'engageait à combattre contre nous. Plus tard,
la Russie réussit aussi, par le traité de Bucharest, à
faire sa paix avec la Turquie ; ce qui lui rendit disponible
l'armée occupée dans la guerre contre cette puissance.

(1) L'empire français comptait alors cent trente départements,
répartis en trente-deux divisions militaires, depuis Rome jusqu'à
Hambourg.

Pendant les mois d'avril et de mai, cinq cent mille Français et alliés sillonnaient l'Europe dans tous les sens pour aller se réunir sur les bords de la Vistule. Dans les premiers jours de juin, l'armée entière avait dépassé ce fleuve. Elle se composait de treize corps, y compris les deux corps auxiliaires autrichien et prussien. Le premier était stationné en Gallicie, dans les environs de Lemberg; le second dans la vieille Prusse, sur la rive gauche du Niémen; les autres corps occupaient la rive droite de la Vistule, depuis la Gallicie jusqu'à la mer Baltique.

Le 9 mai 1812, Napoléon partit de Saint-Cloud pour se rendre à l'armée; il se dirigea d'abord sur Mayence, et de là sur Dresde, où il avait donné rendez-vous à plusieurs souverains. Ce trajet de Paris à Dresde fut une véritable marche triomphale. L'empereur d'Autriche, plusieurs rois et une foule de princes accoururent sur son passage.

« Là, dit un témoin oculaire, il était au centre de l'Allemagne, lui montrant son épouse, la fille des césars, assise à ses côtés. Des peuples entiers s'étaient déplacés pour se précipiter sur ses pas; riches et pauvres, nobles comme plébéiens, amis et ennemis, tous accouraient. On voyait leur foule curieuse, attentive, se presser dans les rues, sur les routes, dans les places publiques; ils passaient des jours, des nuits entières, les yeux fixés sur la porte et sur les fenêtres de son palais. Ce n'est point sa couronne, son rang, le luxe de sa cour, c'est lui seul qu'ils viennent contempler; c'est un souvenir de ses traits qu'ils cherchent à recueillir : ils veulent pouvoir dire à leurs compatriotes, à leurs descendants moins heureux, qu'ils ont vu Napoléon (1). »

Les princes ne paraissaient pas moins empressés que leurs peuples, et pendant dix jours qu'il resta à Dresde, au milieu des fêtes et des réjouissances, il reçut des souverains alliés les témoignages du dévouement le plus absolu. Tous ces hommages adressés à la puissance n'étaient que l'effet de la crainte ; quand l'hiver eut frappé cette magnifique armée, instrument de cette puissance, les haines se manifestèrent avec d'autant plus d'énergie qu'elles avaient été plus longtemps comprimées.

Napoléon quitta Dresde le 28 mai, traversa l'Oder à Glogau, passa à Posen, à Thorn, s'arrêta quelques jours à Dantzig, et vint établir son quartier général à Kœnisberg, le 12 juin.

Ce fut à cette époque que je rejoignis l'armée. J'étais attaché provisoirement au corps d'état-major général commandé par le maréchal Berthier, prince de Neuchatel. Cette position me mettait à même de voir de près les hommes et les choses, et de pouvoir suivre avec exactitude toutes les péripéties du grand drame qui était sur le point de commencer. — Je pris d'abord des notes journalières avec exactitude ; mais bientôt les occupations multipliées de ma profession ne me permirent

<hr>

(1) Le général comte de Ségur, *Histoire de Napoléon et de la grande armée pendant l'année* 1812, t. I, p. 100.

pas de continuer mon journal, et je l'ai d'autant moins
regretté, que ce que j'avais recueilli fut perdu pendant
la retraite avec mes autres papiers. Je n'ai donc, pour
écrire aujourd'hui ces événements déjà si éloignés, que
des souvenirs; mais ces souvenirs sont exacts quant aux
faits principaux, et si le temps en a effacé quelque chose,
ce ne sont que des détails insignifiants et sans aucune
importance.

Ce qui m'avait le plus frappé, après avoir passé le
Rhin, c'était l'immense quantité de convois de vivres
et d'équipages militaires qui encombraient les routes
conduisant à l'armée; non-seulement les routes, mais les
rivières navigables telles que la Vistule, le Frisch Gaff,
la Prégel et le canal de communication de cette rivière
avec le Niémen, étaient couvertes de bateaux chargés de
vivres et de matériel de guerre. Ces formidables approvisionnements avaient quelque chose d'effrayant; car
d'une part ils annonçaient la masse énorme de troupes
qu'ils étaient destinés à alimenter, et de l'autre la stérilité du pays où cette lutte gigantesque allait s'engager.

Une autre remarque peu rassurante que je fis aussi
après avoir rejoint l'armée, et quand j'eus pris connaissance des divers éléments dont elle était composée,
c'était le petit nombre de Français qui s'y trouvaient
relativement à celui des étrangers. En effet, sur cinq
cent mille hommes environ qui allaient pénétrer en
Russie, les deux cinquièmes au plus étaient français.
Parmi les trois cent mille étrangers dont se composait

le reste de l'armée, les Polonais seuls, excités par l'espoir du rétablissement de leur patrie et par le désir de venger tant de sanglants outrages qu'ils avaient reçus des Russes, entreprenaient cette guerre avec plus d'ardeur même et plus d'enthousiasme que les Français.

Les Prussiens se voyaient avec douleur rangés sous les bannières d'un homme qui leur avait fait tant de mal, avait si cruellement blessé leur orgueil national, et les tenait dans une véritable servitude; ils savaient qu'une nécessité impérieuse avait forcé leur roi à s'allier avec lui; aussi le lien qui les unissait à nous ne leur paraissait-il devoir durer que le moins longtemps possible, tout au plus autant que la cause qui l'avait formé.

Les Autrichiens, après avoir lutté vingt ans contre la France, rougissaient d'être rangés parmi ses auxiliaires, et en murmuraient hautement. La politique, qui fait taire les passions, avait dicté les résolutions de leur cabinet, ainsi que la suite le prouva.

Quant aux militaires des autres nations, Allemands, Italiens, Hollandais, Dalmates, Espagnols, bon nombre d'entre eux ne déguisaient pas leur mécontentement; mais toutes ces troupes, pliées depuis longtemps à la discipline française, n'en étaient pas moins disposées à faire leur devoir, quelle que fût l'opinion dont elles étaient animées.

Pendant son séjour à Kœnisberg, Napoléon passa en revue une partie de son armée; il se rendit ensuite à Gumbinnen, où il reçut une dépêche de Lauriston, son

ambassadeur auprès de la cour de Russie, qui l'infor-
mait qu'Alexandre avait refusé de le recevoir à Wilna,
où Napoléon l'avait envoyé pour essayer une dernière
tentative de rapprochement. La rupture était désormais
consommée. Le lendemain, à son arrivée à Wilkowisky,
Napoléon adressa à son armée la proclamation suivante,
qui tint lieu de déclaration de guerre à la Russie.

« De notre quartier général de Wilkowisky, le 22 juin 1812.

« Soldats, la seconde guerre de Pologne est com-
« mencée; la première s'est terminée à Friedland et à
« Tilsit : à Tilsit, la Russie a juré éternelle alliance à la
« France et guerre à l'Angleterre; elle viole aujourd'hui
« ses serments; elle ne veut donner aucune explication
« de son étrange conduite que les aigles françaises
« n'aient repassé le Rhin, laissant par là nos alliés à sa
« discrétion. La Russie est entraînée par la fatalité!
« ses destins doivent s'accomplir! Nous croirait-elle
« dégénérée? ne serions-nous plus les soldats d'Auster-
« litz? Elle nous place entre le déshonneur et la guerre :
« le choix ne saurait être douteux; marchons donc en
« avant! passons le Niémen! portons la guerre sur son
« territoire! La seconde guerre de Pologne sera glo-
« rieuse aux armes françaises comme la première; mais
« la paix que nous conclurons portera avec elle sa
« garantie, et mettra un terme à cette orgueilleuse
« influence que la Russie a exercée depuis cinquante
« ans sur les affaires de l'Europe. »

Cette proclamation, sur le ton prophétique de celles qu'il avait coutume de publier à l'ouverture de ses campagnes, et dont les prédictions s'étaient presque toujours réalisées, devait cette fois recevoir un cruel et terrible démenti.

Tous les corps qui composaient l'armée reçurent ordre de presser leur marche vers la frontière russe, c'est-à-dire vers le Niémen. Napoléon lui-même quitta Wilkowisky dans la nuit du 22 au 23 juin, et vint établir son quartier général au hameau de Nogarisky, à une lieue et demie de Kowno. Le jour n'avait pas encore paru, que déjà il parcourait la rive gauche du Niémen, dans les environs de Kowno, et ordonnait la construction de trois ponts à une demi-lieue au-dessus du village d'Alexioten, situé vis-à-vis de cette ville.

La construction de ces ponts ne commença qu'à neuf heures du soir, afin de dérober autant que possible à l'ennemi la connaissance de cette importante opération. A minuit les travaux étaient terminés, et l'armée se mit aussitôt en mouvement pour pénétrer sur le territoire russe.

Les nuits sont courtes dans cette saison, et même à cette latitude on peut dire qu'il n'y a pas de nuit complète, car le crépuscule et l'aurore se rejoignent; à deux heures du matin il faisait grand jour. A ce moment j'arrivai sur le bord du fleuve, et le spectacle le plus imposant s'offrit à ma vue.

A trois cents pas du fleuve, sur le point le plus

élevé, on apercevait la tente de l'empereur. Autour
d'elle toutes les collines, leurs pentes, les vallées étaient
couvertes d'hommes et de chevaux. Dès que la terre eut
présenté au soleil toutes ces masses mobiles, revêtues
d'armes étincelantes, le signal fut donné, et aussitôt
cette multitude commença à s'écouler en trois colonnes
vers les trois ponts. On les voyait serpenter en descen-
dant la courte plaine qui les séparait du Niémen, s'en
approcher, gagner les trois passages, s'allonger et se
rétrécir pour les traverser, et atteindre enfin ce sol
étranger, qu'ils devaient bientôt couvrir de leurs vastes
débris.

Napoléon, du haut de la colline où était placée sa
tente, contemplait ce spectacle à l'aide de sa lorgnette,
qu'il tenait de la main droite, tandis que son bras gauche
était replié derrière son dos un peu voûté : attitude qui
lui était familière, et qu'on retrouve dans une foule
de portraits de ce prince. La vue de cette belle armée,
la facilité avec laquelle elle franchissait la frontière,
sans que l'ennemi parût songer à faire la moindre résistance, lui causaient une joie qui se peignait sur son
visage, ordinairement impassible. On l'entendit même
plusieurs fois fredonner le nouvel air de Roland que
jouait la musique de la garde (1). Enfin, quand un
certain nombre de régiments eurent franchi le fleuve,
il descendit et voulut aussi poser le pied sur le territoire

(1) Où vont tous ces preux chevaliers,
L'honneur et l'espoir de la France ? etc.

russe. Après avoir traversé le pont, il se tint quelque temps sur le bord du fleuve, encourageant les soldats de ses regards. Tous le saluèrent avec enthousiasme de leurs cris accoutumés. Puis, le passage effectué, il se dirigea avec sa garde vers Kowno.

Aucune parole ne pourrait rendre l'impression que me fit éprouver l'aspect de cette foule innombrable de guerriers s'avançant insouciants et joyeux dans ces plaines sans bornes de la Russie. Je me reportais au souvenir des Croisades, malgré la différence du but et de la direction de la guerre actuelle; d'autres fois je me demandais si le mouvement immense que j'avais sous les yeux n'était pas la contre-partie de ces grandes émigrations qui jadis étaient venues de l'Orient et du Nord envahir le midi et l'occident de l'Europe. Mais ici encore la réflexion détruisait bientôt cette illusion; car si le climat et les riches productions des contrées du Midi conviennent aux hommes du Nord et les ont de tout temps attirés, la température glaciale et la stérilité des régions septentrionales sont contraires à la nature des hommes du Midi, et suffisent pour garantir de l'invasion de ces derniers. Restait donc le but pur et simple de cette guerre, annoncé par l'empereur Napoléon dans sa proclamation, c'est-à-dire, « mettre un terme à l'influence exercée depuis cinquante ans par la Russie sur les affaires de l'Europe. » — Mais l'Europe ne s'alarmait pas alors de cette influence de la Russie; elle redoutait davantage l'ambition de Napoléon, et elle applaudit

plus tard au non-succès de notre expédition, qui occa-
sionna la chute du nouveau Charlemagne, et servit à
étendre d'une manière inouïe la prépondérance de la
Russie en Europe et en Asie. On ne réfléchit pas alors
que l'ambition d'un seul homme est moins dangereuse
que l'ambition d'un gouvernement, d'une nation. La
chute ou la mort du conquérant amène ordinairement
la chute de ses projets et l'annulation de ses conquêtes:
voyez Alexandre, Charlemagne, Gengiskan, Napoléon.
Mais quand un gouvernement, quand un peuple a conçu
ces vastes projets d'agrandissement et de domination
qui dépassent la portée d'une vie d'homme, il les
poursuit avec persévérance, par tous les moyens possibles, à travers les années et les siècles, employant tour
à tour, et selon les circonstances, la ruse ou la force,
la diplomatie ou l'épée. Rome, dès sa naissance, a rêvé
la conquête du monde (1), et monarchie ou république,
gouvernée par des consuls ou par des empereurs, elle
poursuit ce but sans relâche, sans se décourager, jusqu'à ce qu'elle l'ait atteint.

Au commencement du xviiie siècle, quand le règne
de Louis XIV, déjà à son déclin, jetait encore un
reflet de gloire qui resplendissait sur toute l'Europe,
la Russie était pour ainsi dire ignorée, et le génie de
Pierre le Grand commençait à la tirer de l'obscurité et
de la barbarie. La vie de cet homme extraordinaire fut

(1) *Tu regere imperio populos, Romane, memento!*
            VIRGILE, *Énéide.*

consacrée, non pas à rendre son peuple conquérant, mais à le préparer aux conquêtes de l'avenir; et pour que ses successeurs ne se méprissent pas sur ses intentions, il les consigna dans un testament politique, dont l'exécution se poursuit avec persévérance et sans relâche depuis cent cinquante ans (1).

Napoléon, qui certes se connaissait en ambition, avait compris celle qui animait le czar de toutes les Russies, qu'il s'appelât Pierre, ou Paul, ou Alexandre; il avait

(1) On donne le nom de *testament politique* de Pierre Ier au plan que ce prince avait conçu pour l'agrandissement de son empire, et qui se trouve longuement expliqué dans un ouvrage composé sur les documents authentiques recueillis par les agents du ministère des affaires étrangères; si l'on suit la marche de la politique russe depuis ce monarque, on reconnaîtra que le cabinet de Pétersbourg n'a point changé de maître. En voici quelques articles.

« Ne rien négliger pour donner à la nation russe les formes et les « usages européens.

« Maintenir l'État dans un état de guerre continuelle.

« S'étendre, par tous les moyens possibles, vers le nord, le long de « la Baltique; au sud, le long de la mer Noire.

« Entretenir la jalousie de l'Angleterre, du Danemark et du Brande- « bourg (la Prusse) contre la Suède, qu'on finira par subjuguer.

« Intéresser la maison d'Autriche à chasser les Turcs de l'Europe, « et, sous ce prétexte, entretenir une armée permanente; établir des « chantiers sur le bord de la mer Noire; et en avançant toujours « s'étendre jusqu'à Constantinople.

« Alimenter l'anarchie de la Pologne, et finir par subjuguer cette « république.

« Entretenir, au moyen d'un traité de commerce, une alliance étroite « avec l'Angleterre, qui, de son côté, favorisera tous les moyens « d'agrandissement et de perfectionnement de la marine russe, à l'aide « de laquelle on obtiendra la domination sur la Baltique et la mer Noire.

« Se pénétrer de cette vérité, que le commerce des Indes est le

compris le danger dont cette ambition menaçait l'Europe, et c'était pour l'écarter, ou du moins pour l'éloigner autant que possible, qu'il entreprenait cette espèce de croisade du Midi contre le Nord, de l'Occident contre l'Orient.

« commerce du monde, et que celui qui peut en disposer exclusivement est le souverain de l'Europe.

« Se mêler à tout prix dans les querelles de l'Europe, et surtout de l'Allemagne.

« Se servir de l'ascendant de la religion sur les Grecs désunis ou schismatiques, répandus dans la Hongrie, dans la Turquie, dans les parties méridionales de la Pologne.

« Enfin, mettre en lutte l'une contre l'autre les cours de France et d'Autriche, ainsi que leurs alliés, et profiter de leur affaiblissement réciproque pour tout envahir. »

CHAPITRE II

Le passage du Niémen n'avait point été disputé ; l'entrée de Kowno ne le fut pas davantage. Cette ville fut occupée le 25 ; le 27, Napoléon se porta sur Wilna, espérant que l'armée russe, commandée par Barclay de Tolly, lui livrerait bataille en avant de cette ville ; mais ce général incendia ses magasins, rompit le pont jeté sur la Wilia, et se replia à marches forcées vers le nord, dans la direction d'un camp retranché établi à Drissa. Le 28, l'empereur entra à Wilna, fit construire immédiatement deux ponts sur la Wilia, et lança Murat avec sa cavalerie à la poursuite de Barclay de Tolly.

Mon intention n'est pas de décrire les manœuvres des

armées et leurs diverses opérations stratégiques. Ces
mouvements ont été l'objet d'ouvrages spéciaux, et nous
y renvoyons nos lecteurs qui désireraient connaître les
détails techniques de cette campagne célèbre (1). Comme
je l'ai annoncé, je me bornerai au récit des principaux
événements, surtout de ceux dont j'ai été témoin.

J'avais suivi l'empereur jusqu'à Wilna, sans avoir
eu encore occasion d'exercer mes fonctions de médecin;
mais à peine arrivé dans cette ville, je reçus l'ordre
d'organiser à la hâte un hôpital pour les nombreux
malades qui arrivaient à chaque instant avec les divers
détachements de l'armée. Ces maladies étaient occasionnées par la fatigue et la disette; car déjà les troupes
manquaient du nécessaire, les convois n'ayant pu suivre
la marche rapide de nos soldats, et le pays, ravagé par
les Russes, n'offrant aucune ressource. Un changement
subit dans la température vint encore exercer une influence pernicieuse sur la santé des hommes. Une pluie
abondante et glaciale ne cessa de tomber pendant les
derniers jours de juin, et fit succéder un froid humide
et pénétrant à la chaleur étouffante qu'il avait fait jusque
là. Les routes sont fort mal entretenues en Russie; la
pluie les eut bientôt défoncées, et les communications
devinrent presque impraticables. Près de trente mille

(1) Voir les *Victoires et Conquêtes des Français;* la relation de la
campagne de Russie, par M. le marquis de Chambray; *Histoire de
Napoléon et de la grande armée,* par M. le com'e de Ségur; la réfuta-
tion de cet ouvrage, par le général Gourgaud; l'ouvrage de M. de Mor-
tonval sur la campagne de 1812, etc. etc.

traînards erraient sur la route entre Kowno et Wilna,
et la plupart n'arrivaient dans cette dernière ville que
pour venir encombrer les hôpitaux.

Napoléon resta dix-huit jours à Wilna pour rétablir
l'organisation des corps et mettre de l'ordre dans toutes
les parties du service matériel. Les approvisionnements,
venus par le Niémen et la Wilia, ramenèrent bientôt
l'abondance; des services de toute espèce furent orga-
nisés. La ville, transformée en un vaste entrepôt, fut
mise à l'abri d'un coup de main; et l'empereur chargea
un gouvernement provisoire de l'administration générale
de la Lithuanie.

Des juges sévères ont considéré comme une grande
faute ce séjour prolongé de l'empereur à Wilna, parce
qu'il avait donné aux divers corps de l'armée russe le
temps d'opérer leur jonction; d'autres, tout en attri-
buant à ce retard une influence que des événements
imprévus rendirent décisive, l'ont regardé comme nécessité par les circonstances.

Quoi qu'on en ait dit, la situation de l'empereur à
Wilna, après la jonction des corps ennemis, était déjà
très-critique. Les fatigues et les privations avaient
décimé son armée, à peine entrée sur le territoire russe :
la saison lui avait opposé des obstacles sur lesquels il
n'avait pas compté, et qui pouvaient se reproduire avec
plus de danger lorsqu'il aurait laissé ses troupes dans
un pays dévasté. Une grande victoire lui était nécessaire
pour relever le moral déjà abattu de bon nombre des

siens, frapper de terreur ses ennemis, et retenir dans
l'obéissance certains alliés douteux (l'Autriche et la
Prusse), qui n'attendaient qu'un revers des Français
pour prendre une attitude hostile. Mais les Russes semblaient faire autant d'efforts pour éviter une bataille
décisive que Napoléon pour l'engager. Leurs forces
s'étaient concentrées dans le camp retranché de Drissa ;
l'empereur manœuvra pour les attaquer sur ce point;
mais le jour même (16 juillet) où il quittait Wilna pour
aller mettre ce projet à exécution, Barclay abandonnait
Drissa et se retirait sur Vitepsk, dans la direction de
Smolensk. A cette nouvelle, Napoléon donna ordre à
Oudinot de poursuivre Barclay et de le devancer, s'il
était possible, à Vitepsk ; mais le général russe gagna
les Français de vitesse, et arriva avant eux dans cette
ville. Napoléon marcha lui-même sur Vitepsk par
Ostrowno. Son avant-garde rejoignit l'arrière-garde
des Russes, qui, après un engagement meurtrier, se
retira à l'abri d'un épais rideau de bois auquel s'adossait
la grande route. Les Français sondèrent et franchirent
ces forêts, et bientôt, à deux lieues de Vitepsk, ils
découvrirent l'armée de Barclay. Le 27 au matin,
les Français forcèrent l'avant-garde de ce général à se
replier sur le corps principal ; le soir, les deux armées
étaient en présence, séparées par une petite rivière (la
Loutchissa). Les Russes n'avaient sur ce point que qua-
tre-vingt mille soldats; les Français en comptaient cent
vingt mille : Napoléon se croyait assuré de la victoire....

Le lendemain matin l'ennemi avait disparu, sans laisser un traînard, sans qu'on pût découvrir aux environs un seul paysan. Les habitants de Vitepsk apportèrent les clefs de la ville à l'empereur ; mais ils ignoraient la direction qu'avait prise le général russe. Napoléon apprit bientôt que Barclay se dirigeait vers le nord ; il rentra à Vitepsk pour donner à son armée quelques jours de repos, et laisser aux corps que sa marche rapide avait devancés le temps de le rejoindre.

La marche rétrograde des Russes les avait approchés de leurs ressources ; s'ils avaient jusque-là perdu plus de monde que nous dans les engagements qui s'étaient succédé, ce désavantage était compensé par les fléaux de tout genre qui décimaient l'armée d'invasion. Elle comptait alors un peu moins de deux cent mille hommes, et plus elle allait avancer dans les provinces de l'empire, plus ses communications et les moyens de pourvoir à sa subsistance deviendraient difficiles. Les troupes légères de l'ennemi assaillaient les convois et les détachements isolés, tandis que les paysans russes massacraient les traînards : cependant l'aspect des aigles et la présence de Napoléon soutenaient ces troupes tant de fois victorieuses, et l'espoir d'une bataille prochaine et décisive leur donnait la force de lutter contre toutes les privations.

Après sa retraite de Vitepsk, Barclay avait fait sa jonction avec Bagration, ce qui donnait à l'armée russe ainsi concentrée une force numérique supérieure à celle dont pouvait disposer Napoléon. Ce mouvement des Russes àvait forcé celui-ci à rapprocher l'un de l'autre ses corps d'armée, et à les porter sur la gauche de l'ennemi, dans la direction de Smolensk. Après quelques engagements meurtriers qui retardèrent la marche des Français, ces derniers arrivèrent devant Smolensk; Bagration était accouru pour défendre cette place, et Barclay l'avait suivi de près. Le 17 août, l'attaque commença; les Russes perdirent quelques milliers d'hommes à la défense des faubourgs; la nuit éclaira l'incendie de la ville, et le lendemain matin les Français y pénétrèrent; mais ils n'avaient conquis que des ruines; Barclay avait fait évacuer cette position, qui ne pouvait tenir longtemps.

Le lendemain, Barclay défendit la basse ville pour interdire aux Français le passage du Dniepr; il dut céder enfin, et manœuvra par un circuit pour aller rejoindre Bagration, qui couvrait à quelque distance la route de Moscou.

« Smolensk reconnue, dit M. de Ségur, et ses portes déblayées, l'armée entra dans ses murs : elle traversa ses décombres fumants et ensanglantés, avec son ordre, sa musique guerrière et sa pompe accoutumée, triomphante sur ses ruines désertes, et n'ayant qu'elle-même pour témoin de sa gloire. Spectacle sans spectateurs, victoire presque sans fruit, gloire sanglante, dont la fumée qui nous environnait et qui semblait être notre seule con- quête n'était qu'un trop fidèle emblème....

« Quand l'empereur sut Smolensk entièrement occupée, ses feux presque éteints, et que le jour et les différents rapports l'eurent suffisamment éclairé ; lorsque enfin il vit que là, comme au Niémen, comme à Wilna, comme à Vitepsk, ce fantôme de victoire qui l'attirait, et qu'il se croyait toujours près de saisir, avait encore reculé devant lui, il s'achemina lentement vers sa stérile conquête....

« En entrant dans Smolensk, comme il traversait l'épaisseur de ses murs, le comte de Lobau s'écria : « Voilà une belle tête de cantonnement. » C'était lui dire de s'y arrêter ; mais l'empereur ne répondit à cet avis que par un coup d'œil sévère.

« Ce regard changea bientôt d'expression, lorsqu'il ne put le reposer que sur des décombres à travers lesquels se traînaient nos blessés, et sur des monceaux de cendres fumants où gisaient des squelettes humains, desséchés et noircis par le feu ; cette grande destruction l'étonna ! Quel fruit de sa victoire ! Cette ville où ses soldats devaient enfin trouver un abri, des vivres, une riche proie, dédommagement promis à tant de maux, n'était plus qu'une ruine, sur laquelle il fallait bivouaquer (1).... »

Quelque triste que fût cette conquête, elle était cependant d'une haute importance, par sa position et par ses souvenirs historiques. Distante de cent soixante-onze lieues de Pétersbourg, et de quatre-vingt-treize de Moscou, elle occupe sur la gauche du Dniepr le pen-

(1) Le général comte de Ségur, *Histoire de Napoléon et de la grande armée pendant l'année* 1812, t. 1, ch. ıv et v.

chaut d'une colline qui borde le fleuve. Son territoire, fertile en grains et assez peuplé, offrait des ressources en bestiaux. Les siéges qu'elle avait soutenus avant le perfectionnement de l'art de la guerre lui donnaient dans l'esprit des peuples plus d'importance militaire qu'elle n'en méritait. Smolensk était aux yeux des Russes la clef de Moscou; ils la nommaient Smolensk la sainte, Smolensk la forte; et ils ne pouvaient pardonner à Barclay de l'avoir abandonnée après une si faible résistance, et quand il avait sous ses ordres une armée au moins aussi nombreuse que l'armée française.

Si Napoléon eût arrêté là sa marche pour cette année, s'il eût fait de Smolensk, selon l'expression du général Lobau, « la tête de ses cantonnements, » la guerre de Russie aurait eu probablement un tout autre résultat. La Pologne était complétement dégagée, la Lithuanie était conquise; il était temps de s'arrêter, de réunir les divers corps épars de l'armée, de prendre des cantonnements où l'on eût employé ce qui restait de la belle saison à réorganiser les corps qui avaient le plus souffert, rallier les traînards, donner aux malades qui encombraient les hôpitaux le temps de se guérir, établir convenablement des magasins et les approvisionnements. Au retour de la belle saison, on aurait eu une armée puissante, reposée, et prête à se diriger sur Pétersbourg ou sur Moscou, si toutefois, d'ici là, l'ennemi n'avait pas fait de propositions de paix acceptables. Ces réflexions ne sont pas de moi; je les ai entendu faire à plusieurs

officiers supérieurs, et il paraît que Napoléon avait
manifesté des intentions conformes à ces idées (1). Par
quelle fatalité fut-il amené à changer ce plan, et à poursuivre une entreprise qui devait être si funeste à lui-
même, à l'armée et à la France!

Il est certain qu'il n'aurait pas hésité à se conformer
à cette sage résolution s'il avait pu atteindre son ennemi
et lui livrer auparavant une bataille décisive; jusque-là
il n'y avait eu que des escarmouches insignifiantes; son
armée était réduite de plus de moitié, et les forces de
l'ennemi étaient presque encore intactes. S'il pouvait le
joindre aux environs de Smolensk, et le battre complétement, on pourrait alors revenir sur cette ville et s'y
établir en quartier d'hiver; sinon, il faudrait aller arracher la paix à Moscou. Là, on pourrait s'établir pour

---

(1) Ce jour-là même (19 août), dans les rues de Smolensk, au
milieu de Davout et de ses généraux, dont les corps avaient le plus
souffert dans l'assaut de la veille, il dit « qu'il leur devait dans la prise
de Smolensk un succès important; qu'il considérait cette ville comme
une bonne tête de cantonnements. »

« Voilà, continua-t-il, ma ligne bien couverte; arrêtons-nous ici;
« derrière ce rempart, je puis rallier mes troupes, les faire reposer,
« recevoir des renforts et nos approvisionnements de Dantzick. Voilà
« toute la Pologne conquise et défendue; c'est un résultat suffisant; c'est
« en deux mois avoir recueilli le fruit qu'on ne devait attendre que de
« deux ans de guerre : c'est donc assez. D'ici au printemps il faudra
« organiser la Lithuanie et refaire une armée invincible; alors, si la
« paix n'est pas venue nous chercher dans nos quartiers d'hiver, nous
« irons la conquérir à Moscou. »

(Le général comte de Ségur, *Histoire de Napoléon et de la grande
armée pendant l'année* 1812, t. I, p. 269 et 270 de la 16e édition.)

l'hiver mieux que dans Smolensk dévastée par l'incendie et l'occupation de Moscou aurait un tout autre effe moral sur l'ennemi et sur l'armée envahissante que l. prise d'une ville de second ordre, dont le feu n'avai fait que des ruines et qui n'offrait pas même un abr aux vainqueurs. Nous allons voir comment les événe ments l'entraînèrent à prendre ce dernier parti.

Dès le lendemain de l'occupation de Smolensk, l passage du Borysthène s'effectua sur plusieurs points les deux routes de Moscou et de Pétersbourg furen reconnues jusqu'à la profondeur d'une lieue, et l'infan terie russe rencontrée sur celle de Moscou. Ney l'eu bientôt rejointe ; il délogea l'ennemi du village de Gar bounovo, et marcha sur la position de Valontina. Là les Russes se réunirent au nombre de trente-cinq mille et réduisirent bientôt Ney à la défensive. Napoléon qui n'avait cru d'abord qu'à une affaire d'avant-garde, envoya la division Gudin au secours de Ney. Les Russes, après s'être vaillamment défendus dans leur position, durent céder à l'impétuosité française ; mais le brave Gudin tomba sur le champ de bataille. Gérard, qui le remplaça, aida puissamment Ney à compléter sa victoire. Mais l'ennemi, forcé à la retraite, la fit en bon ordre, emmenant son artillerie, ses bagages et ses blessés. En vain Napoléon fit-il poursuivre les Russes par Murat ; ils eurent le temps de tout évacuer, et le roi de Naples ne rencontra que quelques Cosaques.

Tandis que Ney remportait la glorieuse victoire de

Valontina, un combat non moins glorieux venait d'être
livré à Polotsk, par un autre lieutenant de l'empereur.
L'armée du général russe Wittgenstein avait attaqué le
corps français, commandé par le maréchal Oudinot,
qui occupait cette ville. La bataille s'était engagée le 17,
sous les murs de cette place, avec un courage égal de part
et d'autre. Oudinot fut blessé d'un biscaïen à l'épaule,
ce qui ne l'empêcha pas de conserver le commandement
pendant toute la durée de l'action ; la nuit seule sépara
les combattants, qui bivouaquèrent en présence. Il
pensa que la prudence exigeait qu'il évacuât Polotsk et
se retirât derrière la Dwina ; déjà il avait ordonné la
retraite, et elle commençait à s'opérer à la faveur de la
nuit, quand la douleur que lui occasionnait sa blessure
lui fit remettre le commandement de l'armée au général
Gouvion Saint-Cyr. Les équipages, la cavalerie et l'artillerie avaient repassé le fleuve ; l'ennemi ne l'ignorait
pas, et s'attendait à voir le reste de l'armée française
suivre ce mouvement. Lorsque Gouvion Saint-Cyr prit
le commandement, il entretint l'ennemi dans cette
erreur, et au jour il fit encore défiler des équipages,
escortés de quelques troupes, par des chemins que
l'ennemi pouvait parfaitement distinguer de la rive
droite du fleuve ; mais en même temps l'artillerie et la
cavalerie repassaient la Dwina sur un autre point, et
des troupes s'avançaient de divers côtés pour appuyer
les lignes restées en présence de l'ennemi, et destinées
dans le principe à soutenir la retraite. Les Russes,

vivement attaqués à l'instant où ils ne doutaient plu
du succès, se défendirent avec l'opiniâtreté et le dé
vouement qui les caractérisent; enfin, débordés e
enfoncés de toutes parts, ils rétrogradèrent jusque der
rière la Drissa, où ils rallièrent péniblement les débri
de leur armée. Ce brillant fait d'armes valut à Gouvio
Saint-Cyr la dignité de maréchal de France.

La victoire de Polotsk dégageait complétement l'ail
gauche de l'armée française, et rendait parfaitemen
libre la route de Moscou ; ce fut là ce qui décida Napoléo
à poursuivre Barclay, comptant sur une affaire déci
sive qui lui ouvrirait la capitale, terminerait la guerre
ou du moins mettrait à sa disposition toutes les ressource
d'une ville riche et populeuse. Car, malgré ce qu'il avai
vu depuis son entrée en Russie, où l'ennemi en se reti
rant ne cessait de faire un désert derrière lui, incen
diant les villes comme les hameaux et les villages, i
ne pouvait prévoir, et personne ne l'aurait soupçonne
plus que lui, que les Russes avaient formé la résolution
sauvage et sublime de détruire eux-mêmes leur vieill
capitale, leur ville sainte, l'objet de leur vénération.

L'armée russe, toujours inquiétée par la cavalerie du
roi de Naples, rétrograda sur la route de Moscou, jusqu'à Tsarévo-Zaïmitchié. Là, Alexandre fut obligé de
donner satisfaction à l'opinion publique, qui de toutes
parts s'élevait contre Barclay de Tolly. Des rangs de
l'armée russe l'indignation avait gagné la noblesse,
les marchands et les habitants de Moscou. Tous l'accu-

saient de lâcheté, de trahison ou d'ineptie. A ces griefs
se joignait sa qualité d'étranger. « Pourquoi, disait-on,
confier à un général allemand le salut de l'empire? Un
Russe seul pouvait sauver la Russie, et l'on avait sous
la main le contemporain, le compagnon de guerre,
l'émule de Souwarow, le général Kutusof, enfin, qui ne
reculerait pas sans cesse et lâchement devant l'ennemi,
comme Barclay l'avait fait jusqu'ici. » Cédant à ces cla-
meurs, Alexandre donna le commandement en chef de
son armée au général Kutusof, en l'autorisant à livrer
bataille.

En apprenant ce changement, Napoléon fut transporté
de joie. Il allait enfin obtenir cette grande bataille qu'il
cherchait depuis si longtemps, et on lui opposait ce
même Kutusof qu'il avait déjà vaincu à Austerlitz, et
qui maintenant touchait à un âge trop avancé pour
qu'il eût encore conservé les qualités nécessaires à un
général en chef. Il était âgé de soixante-quatorze ans.
Ce vieillard cependant était encore doué d'une grande
énergie; les Russes avaient oublié sa défaite à Austerlitz,
pour se rappeler sa victoire sur les Turcs à Routchouk;
du reste, sa bravoure était incontestable, et il avait dans
son extérieur, dans son langage, dans ses vêtements
même, enfin dans ses pratiques superstitieuses, quelque
chose qui rappelait Souwarow, et un air de nationalité
qui plaisait aux vieux Moscovites.

On comprend que dès lors il ne fut plus question des
quartiers d'hiver de Smolensk, et que le projet de pour-

suivre jusqu'à Moscou et de ne s'arrêter que dans cett
ville fut regardé non-seulement comme praticable, mai
comme le plus avantageux sous tous les rapports.

Le nouveau général en chef de l'armée russe juge
nécessaire de reculer encore jusqu'à Borodino, à deu.
journées de Moscou. Là, il rangea son armée en batail
et lui fit occuper une position très-forte, protégée pa
des ouvrages garnis d'une formidable artillerie.

Avant de suivre Napoléon dans la poursuite de l'ar
mée russe, je vais dire un mot de mes travaux à Smo
lensk, où je m'étais rendu deux jours après l'entrée de
Français, afin de contribuer à l'organisation du servic
médical dans cette ville.

Une partie des bâtiments que l'incendie avait épar
gnés furent destinés à l'établissement des hôpitaux, e
l'on y plaça les blessés : là, entassés pêle-mêle, souven
sans paille, manquant d'aliments, attendant longtemp:
un premier pansement, ils gémissaient en proie à leur
douleurs. Lorsque j'arrivai avec les ambulances de ré
serve, qui amenaient avec elles une certaine quantité d
médicaments et d'objets de pansement, on put apporte
quelques soulagements à ceux qui souffraient le plus;
mais combien nos moyens étaient encore insuffisants!
et cela se concevra facilement quand on saura que, dans
les seuls combats de Smolensk et de Valontina, les
Français avaient eu plus de dix mille blessés. Les chirurgiens travaillaient nuit et jour, et dès la seconde nuit
tout manquait pour panser les blessés; il n'y avait plus

de linge, et l'on fut forcé d'y suppléer par le papier trouvé dans les archives. Des parchemins servaient d'attelles, et l'on remplaçait la charpie par de l'étoupe et du coton de bouleau.

Les cruelles privations éprouvées par les blessés, une chaleur excessive, l'infection répandue par les cadavres qui gisaient autour de Smolensk, dans la ville et jusque dans les maisons, donnèrent naissance à une maladie épidémique qui, plus active encore que les blessures, moissonna en peu de temps un grand nombre de nos soldats. Comme les hôpitaux étaient à peine suffisants pour recevoir les blessés, l'entrée en était interdite aux malades, qui étaient fort nombreux ; privés de secours, ils se traînaient à la suite de leurs régiments, jusqu'à ce qu'ils expirassent sur la route ou à quelque bivouac. Quel affreux spectacle, surtout pour nous qui avions la mission et le devoir de soulager ces malheureux, et qui nous trouvions dans l'impuissance absolue de le faire ! J'ai éprouvé depuis, pendant le reste de la campagne et pendant ma captivité, des souffrances cruelles, atroces même ; mais je crois n'avoir pas ressenti de douleur plus poignante que celle que m'occasionnait la vue de ces pauvres malades et blessés de Smolensk. Il est vrai que c'était, pour ainsi dire, au début de la campagne ; dans la suite, quand des tableaux plus déchirants s'offrirent à mes regards, ma sensibilité était sans doute émoussée par l'habitude de pareils spectacles.

CHAPITRE III

L'armée française s'avançait sur trois colonnes à la rencontre de l'armée russe, qui l'attendait, ainsi que nous l'avons dit, à Borodino. L'empereur, qui marchait au centre de son armée, après s'être reposé deux jours à Gjatz, partit de cette ville le 4 septembre. Murat délogea du village de Gridnévo l'arrière-garde russe, commandée par Konovnitzin, et l'empereur vint passer la nuit dans cette position.

Le 5, Konovnitzin se vit encore forcé d'abandonner le couvent de Kolotskoï et de se replier sur Borodino, où Kutusof le plaça sous les ordres de Gortchakof, au centre de l'aile gauche des Russes. Après une lutte longue et opiniâtre, la grande redoute de Chevardino, qui couvrait le front de Bagration, fut emportée par la division Compans.

Le 6 septembre au matin, Napoléon alla lui-même reconnaître la position de l'ennemi. Kutusof, ainsi que nous l'avons dit, occupait une assiette très-forte, défendue par une formidable artillerie. Il avait sous ses ordres cent trente-trois mille cinq cents hommes, et disposait de six cents bouches à feu. Barclay de Tolly, en quittant le commandement en chef, avait reçu celui d'une division formant la droite de l'armée russe ; le centre était occupé par Beningsen, avec la garde impériale et le corps de Dokhtourof ; Bagration, avec son corps d'armée, tenait la gauche. Moscou venait d'envoyer dix mille hommes de milice, et Miloradovich venait d'amener un renfort de dix-sept mille hommes. Napoléon, dans cette reconnaissance, s'avança entre les deux lignes et parcourut, de hauteur en hauteur, tout le front de l'armée ennemie. Il vit les Russes couronner toutes les crêtes sur un vaste demi-cercle de deux lieues de développement, depuis la Moskova jusqu'à la vieille route de Moscou. Leur droite bordait la Kalogha, depuis son embouchure dans la Moskova jusqu'à Borodino ; leur centre, de Gorcka à Semenowska, était la partie saillante de leur ligne ; la Kalogha rendait leur droite inabordable. Cette reconnaissance faite, Napoléon conçut aussitôt le projet de tomber avec la plus grande

partie de ses forces sur l'aile gauche des Russes ; il pres-
crivit toutes les mesures qui devaient favoriser ce plan
d'attaque, et pour en dérober la connaissance à Kutusof
il attendit la nuit.

Les deux armées étaient à peu près égales en nombre ;
les masses qui allaient se heurter présentaient un effectif
d'environ deux cent soixante-dix mille combattants ; les
Russes avaient l'avantage d'une forte position et d'une
cavalerie excellente ; leur moral était porté au plus haut
degré d'énergie que puissent inspirer et la haine de
l'étranger et le sentiment religieux ; mais une partie
de leurs forces se composait de nouvelles levées, et
aucun de leurs généraux ne jouissait de cette haute
réputation militaire qui double la confiance du soldat.

Les Français, électrisés par la présence de l'empereur, et commandés par des chefs habitués à vaincre,
s'attendaient à une vigoureuse résistance ; mais ils ne
doutaient pas du succès. Les corps qui allaient se mesu-
rer avec l'ennemi étaient l'élite de l'armée ; tous ceux
que la fatigue et les privations avaient mis hors de
combat étaient restés en arrière ; les chevaux seuls,
moins robustes que les hommes, ne répondaient pas à
la belle tenue des troupes.

Toutes les dispositions d'ensemble et de détail ayant
été arrêtées, les différents corps se préparèrent à la
grande bataille qui devait se livrer le lendemain.

Enfin ce grand jour parut. La matinée était brumeuse ;
mais le ciel ne tarda pas à s'éclaircir, et Napoléon

s'écria : « Voilà le soleil d'Austerlitz ! » Ce mot d'un
heureux augure courut dans les rangs, en même temps
qu'on lisait aux soldats la proclamation suivante :

« Soldats ! disait Napoléon, voilà la bataille que vous
« avez tant désirée. Désormais la victoire dépend de
« vous; elle nous est nécessaire; elle nous donnera
« l'abondance, de bons quartiers d'hiver et un prompt
« retour dans la patrie. Conduisez - vous comme à
« Austerlitz, à Friedland, à Vitepsk, à Smolensk, et
« que la postérité la plus reculée cite avec orgueil votre
« conduite dans cette journée; que l'on dise de vous :
« Il était à cette grande bataille sous les murs de
« Moscou ! »

Quelques instants après, le canon et la mousqueterie
retentirent d'abord sur notre droite, et bientôt sur toute
la ligne. Nous n'avons pas l'intention d'entrer dans les
détails des combats partiels et variés qui composèrent
l'ensemble de cette grande et terrible bataille. Elle dura
jusqu'au soir, avec des succès variés. L'attaque des
Français, sur tous les points, fut vive et impétueuse
comme toujours. La résistance des Russes fut plus opiniâtre et plus meurtrière que jamais. Enfin, forcés
d'abandonner le champ de bataille, ils se retirèrent
en bon ordre, après avoir eu plus de quarante mille
hommes hors de combat, et n'avoir perdu que huit
cents prisonniers. Du côté des Français, il y eut dix
mille hommes tués et vingt mille blessés. Ainsi, dans

cette journée, soixante-dix mille hommes furent tués ou blessés de part et d'autre, parmi lesquels on comptait une quarantaine de généraux (1). Toutes les troupes qui composaient l'armée de Napoléon combattirent avec une égale valeur ; tous ses officiers, tous ses généraux montrèrent autant de courage que d'intelligence et de sang-froid ; mais ceux qui se signalèrent par-dessus tous furent le prince Eugène, le maréchal Ney et Murat. Ney reçut le titre de prince de la Moskova.

Cette bataille, la plus sanglante qui eût encore été livrée depuis l'invention de la poudre, fut appelée par Napoléon bataille de la Moskova ; et par les Russes, bataille de Borodino. Malgré la prétention des Russes, qui soutiennent encore aujourd'hui avoir remporté la victoire, il est hors de doute que Napoléon y fut vainqueur (2); mais sa victoire fut loin de lui donner les résultats qu'il en avait espérés. Six cents prisonniers et quelques pièces de canon démontées, tels étaient les seuls trophées de ce combat de géants. L'armée ennemie

(1) Les principaux généraux tués furent, dans l'armée française, Montbrun et Caulincourt ; et dans l'armée russe, le général Bagration, et les généraux Tutchkof, Konovnitzin et Kutaïsof ; ce dernier commandait en chef l'artillerie.

(2) Les Russes firent des réjouissances et chantèrent des *Te Deum* à Moscou et à Pétersbourg, en action de grâces de la victoire qu'ils prétendaient avoir remportée à Borodino ou à la Moskova. En 1839, l'empereur Nicolas a fait élever un monument en l'honneur du général Bagration sur le champ de bataille de Borodino ; à cette occasion il a fait représenter le simulacre de cette bataille, où, comme on le pense bien, tout l'honneur de la journée est attribué aux Russes.

s'était retirée en bon ordre, emmenant ses blessés et son artillerie, et ne laissant aucun traînard pour indiquer la route qu'elle avait suivie.

Tandis que les Russes se retiraient sur Moscou, les Français, soumis à de nouvelles privations, parce qu'ils n'avaient pu marauder depuis plusieurs jours, passèrent au bivouac une nuit cruelle, sans feu, au milieu des morts, des mourants, des blessés. Au point du jour, on s'aperçut que les Russes avaient effectué leur retraite. Peu de batailles gagnées ont produit sur les troupes un effet aussi extraordinaire ; elles semblaient frappées de stupeur. Après avoir enduré tant de maux, de privations, de fatigues, pour forcer l'ennemi à en venir à une bataille ; après avoir combattu avec tant de valeur, elles n'apercevaient pour résultat qu'un massacre épouvantable, l'accroissement de leur misère, et plus d'incertitude que jamais relativement à la durée et au sort de la guerre.

Napoléon employa une partie de la matinée du 8 à parcourir les positions de l'armée russe ; aucun des nombreux champs de bataille qu'il avait visités jusque alors n'avait offert un spectacle aussi horrible ; de quelque côté qu'on dirigeât sa vue, c'étaient des cadavres d'hommes et de chevaux, des mourants, des blessés qui poussaient des cris douloureux ; un sol souillé de sang, jonché d'armes de toute espèce et de débris d'artillerie. Des chevaux blessés erraient seuls au milieu de cette scène de destruction. Il revint tristement à son quartier général, qu'il quitta vers les quatre heures pour se rapprocher de son avant-garde.

Le 9, l'avant-garde française s'empara de Mojaïsk, et l'empereur y transporta aussitôt son quartier général. Cette ville, abandonnée par ses habitants, comme toutes celles dont on s'était emparé depuis le départ de Smolensk, n'avait éprouvé que quelques incendies partiels plus de dix mille blessés, que les Russes n'avaient point eu le temps d'évacuer, remplissaient les maisons, les églises, et étaient entassés sur la place qui se trouve au milieu de la ville. L'horreur de ce spectacle fut encore augmentée par la nécessité de chasser les blessés russes des maisons et des églises, pour y placer les blessés français, qui arrivèrent en foule aussitôt que la ville fut tombée en notre pouvoir.

Le sort des blessés, si cruel pendant cette campagne, le devint encore plus après la bataille de la Moskova ; ce fut une suite naturelle de leur nombre et de la dévastation du pays. Ceux qui en eurent la force se rendirent à pied à l'abbaye de Kolotskoï ; d'autres y furent transportés sur des voitures de cantinières et de vivres ; il y en eut beaucoup qui suivirent leur corps jusqu'à Mojaïsk, où ils restèrent ; enfin, le peu de maisons conservées dans les villages qui avoisinaient le champ de bataille en fut rempli. Transports, vivres, linges, médicaments, la paille même, tout manquait à la fois. Plusieurs jours s'étaient écoulés, et l'on trouvait encore dans les lieux voisins du champ de bataille des blessés auxquels on

n'avait pu donner aucun secours ; ils expiraient victimes
de la faim plutôt encore que de leurs blessures; la mort
les atteignait trop lentement au gré de leurs désirs ; ils
enviaient le sort de ceux qu'elle avait frappés d'un
seul trait.

La tâche, toujours si pénible, qui nous incombait
alors, était rendue mille fois plus douloureuse par l'impossibilité où nous étions de ne pouvoir satisfaire aux
exigences même les plus vulgaires d'une telle situation.
Si nos soins étaient insuffisants pour nos propres blessés,
on peut se faire une idée du sort réservé aux blessés
russes. Dans toutes les autres guerres, après la bataille,
nous ne faisions jamais de différence entre les blessés
français et ceux de l'ennemi. Mais dans celle-ci, où
nous étions impuissants à soulager les nôtres, nous
étions forcés d'abandonner les autres à leur sort. Si
c'est de l'égoïsme, c'est celui d'un frère qui dans un
naufrage, voyant qu'il ne peut sauver tous les malheureux qui surnagent encore, tend la main à ses frères
et s'occupe de leur salut avant de songer à celui des
étrangers.

Les rapports de Kutusof sur la prétendue victoire
de Borodino avaient pu tromper au loin les popula-
tions, les autres généraux russes et l'empereur Alexandre
lui-même, qui l'éleva à la dignité de feld-maréchal pour
prix de sa belle conduite; mais à Moscou, on connut
bientôt toute la vérité. Rostopchin, gouverneur de cette
capitale, habile à manier l'esprit de la populace, ne

cessait de répandre des bruits mensongers sur les prétendus revers des armées françaises ; puis, pour exciter
le fanatisme du peuple, il publiait que Napoléon venait
renverser les autels et anéantir le culte orthodoxe. Pendant ce temps-là, il préparait l'exécution d'un projet
terrible, inouï, mais barbare, tel que le pouvait conce-
voir un des fils des compagnons de Gengiskan : c'était
de livrer Moscou aux flammes quand l'armée française
serait entrée dans ses murs, et d'ensevelir les vainqueurs
sous les ruines de la capitale. Comme il craignait d'une
part l'opposition d'une grande partie des habitants, et
que de l'autre il voulait attribuer aux Français l'incendie
de la *ville sainte*, il apporta le plus grand secret dans
les préparatifs de cette œuvre de délivrance et de destruction. Il soumit aux mesures les plus sévères les étrangers qui lui étaient suspects, exila les uns et condamna
les autres au supplice ignominieux du knout ; enfin,
pour arrêter l'émigration, il fit défendre de quitter la
ville sans sa permission. Les seigneurs s'éloignèrent
malgré ses ordres ; mais le peuple et les bourgeois,
trompés ou retenus par la crainte, obéirent. Bientôt les
convois de blessés russes, dont une partie était dirigée
sur la ville, ne laissèrent aucun doute sur l'issue de la
bataille de Borodino. Le 14, les colonnes de l'armée
russe traversèrent Moscou avec une précipitation qui
trahissait la crainte d'être attaquées au milieu de ce
mouvement.

Alors Rostopchin, pressé d'exécuter ses desseins,

donna ordre aux habitants d'évacuer immédiatement leurs demeures. Rien ne peut donner une idée du trouble et de la confusion dont se remplit la capitale. Les Moscovites chargeaient à la hâte sur des chariots ce qu'ils avaient de plus précieux ; les plus pauvres se demandaient en pleurant où ils trouveraient un asile, et, par un instinct de conservation, ils se précipitaient à la suite de soldats qui traversaient la ville en courant, comme s'ils eussent été honteux d'arrêter leurs regards sur ces murs qu'ils n'avaient pu sauver.

A la chute du jour, quand la ville n'offrait déjà plus qu'un vaste désert, que traversaient en silence les dernières colonnes de l'arrière-garde, Rostopchin fait ouvrir les prisons, et, s'adressant à la foule sale et dégoûtante qui en sort, il les appelle enfants de la Russie, et leur ordonne d'expier leurs fautes passées en servant leur patrie. Après leur avoir donné ses instructions, il sort le dernier de cette malheureuse cité, et va rejoindre l'armée russe.

« Dès lors la grande Moscou n'appartint plus ni aux Russes, ni aux Français, mais à cette foule impure, dont quelques officiers et soldats de police dirigèrent la fureur. On les organisa, on assigna à chacun son poste, et ils se dispersèrent, pour que le pillage, la dévastation et l'incendie éclatassent partout à la fois (1). »

Ce jour-là même (le 14 septembre), l'avant-garde

(1) Le général comte de Ségur, *Histoire de Napoléon et de la grande armée pendant l'année* 1812, t. II, ch. I.

de l'armée française arriva sur une hauteur appelée le *Mont du Salut*, d'où l'on découvre Moscou à une demi-lieue devant soi. Il était deux heures; le soleil faisait étinceler de mille couleurs cette immense cité. A ce spectacle, frappés d'étonnement, nos soldats s'écrient : « Moscou ! Moscou ! » de même que les marins crient : « Terre ! terre ! » quand ils arrivent au terme d'une longue et pénible navigation.

« A la vue de cette ville dorée, dit M. de Ségur, de ce nœud brillant de l'Asie et de l'Europe, de ce majestueux rendez-vous, où s'unissaient le luxe, les usages et les arts des deux plus belles parties du monde, nous nous arrêtâmes saisis d'une orgueilleuse contemplation. Quel jour de gloire était arrivé! Comme il allait devenir le plus grand, le plus éclatant souvenir de notre vie entière! Nous sentions qu'en ce moment toutes nos actions devaient fixer les yeux de l'univers surpris, et que chacun de nos moindres mouvements serait historique... Dans cet instant, dangers, souffrances, tout fut oublié. Pouvait-on acheter trop cher le superbe bonheur de pouvoir dire toute sa vie : « J'étais de l'ar- « mée de Moscou (1) ! » Quelle épouvantable réalité de misère et de douleur devait bientôt succéder à ce court instant d'illusion (2) ! »

(1) Le général comte de Ségur, *Histoire de Napoléon et de la grande armée pendant l'année* 1812, t. II, ch. I.

(2) Moscou, l'ancienne, et aux yeux des vieux Russes la véritable capitale de la Russie, plus grande, plus riche, plus commerçante que

Murat pénétra le premier dans le faubourg de Dorogomilof. Une nombreuse cavalerie semblait vouloir en
disputer l'entrée; mais Miloradovitch, qui commandait
l'arrière-garde de l'armée russe, envoya proposer à Murat
une suspension d'armes, lui déclarant que si l'on cou-
pait sa retraite, il mettrait le feu à la capitale. Murat,
pénétré de l'importance de cette ville, gage de la paix
future, accepta sans hésiter. Les Russes gagnèrent ainsi

Pétersbourg, le cède pourtant, sous le rapport de l'antiquité, à Kiew,
à Nowogorod, à Wladimir et à beaucoup d'autres villes : les chroniques
russes en parlent pour la première fois en 1147, et ne font remonter
son origine qu'à peu d'années avant cette époque. Ses accroissements
furent rapides ; en 1248, elle était déjà capitale d'une des petites prin-
cipautés qui servaient d'apanage aux princes russes. En 1326, le prince
Ivan Danicolowitch s'y fixa, et elle a toujours été depuis capitale de la
grande principauté, berceau de l'empire russe. — Moscou éprouva deux
pestes cruelles en 1367 et en 1370, et elle fut ravagée à différentes
époques par de nombreux incendies; ceux de 1367 et 1473, et surtout
de 1547, la réduisirent presque entièrement en cendres. Elle tomba
deux fois au pouvoir des Tatars en 1237 et en 1382 ; ils la réduisirent
en cendres, égorgèrent une partie de ses habitants, et emmenèrent le
reste en captivité. Les Polonais s'en emparèrent aussi en 1610, et la
conservèrent deux ans. Ces nombreux désastres, réparés promptement,
n'empêchèrent point sa prospérité de s'accroître. — Lorsque Napoléon
s'en empara, elle s'étendait sur les deux rives de la Moskova, et avait
neuf lieues de circonférence, en y comprenant les faubourgs ; elle contenait des jardins, des prairies, des terres labourées et même des terres
en friche ; aussi était-elle moins peuplée que son étendue ne semblait
le promettre. L'hiver, on y comptait trois cent cinquante mille âmes ;
l'été, deux cent cinquante mille seulement, parce que pendant cette
saison la noblesse, suivie d'un grand nombre d'esclaves, allait habiter
ses terres. Les églises, les édifices publics et beaucoup de maisons,
d'hôtels et de palais étaient construits en briques ; un plus grand
nombre encore l'était en bois. L'architecture de ces bâtiments n'avait
point un caractère particulier ; c'était un mélange de celle de tous les

quelques heures, et purent sauver des convois que l'a
vant-garde française aurait pu atteindre.

Bientôt Napoléon, à la tête de sa garde, se présent.
à l'entrée du faubourg de Dorogomilof. La vue de Mos
cou lui avait causé, comme à nous, une joie qu'il n'a
vait point cherché à dissimuler; mais ce mouvement fu
court. Il s'était attendu à voir une députation des principaux notables de la ville venir lui en offrir les clef.

peuples de l'Europe et de l'Asie. La même variété se remarquait dans l.
costume des habitants, parmi lesquels se trouvaient un grand nombr.
d'étrangers attirés par le commerce : il en résultait un aspect très-sin
gulier et qui n'était pas sans agrément. La ville se divisait en deu
parties bien distinctes : la première, appelée le Kremlin, était une antique citadelle, bâtie sur une colline qui domine la ville, et est situé.
sur la rive gauche de la Moskova; sa forme est triangulaire; elle a un.
demi-lieue de circonférence et est entourée d'une muraille en briques.
haute et épaisse, bâtie en 1367. Au delà de cette muraille, mais seulement dans la partie qui n'est point arrosée par la Moskova, régnait un
fossé. Le Kremlin ne contenait que des établissements ou édifices
publics; les plus remarquables étaient le palais des czars, l'arsenal,
l'église cathédrale de l'Assomption et la chapelle d'Ivan, surmontée
d'un clocher qui domine toute la ville, et est un objet de vénération
pour les Russes. La deuxième partie, occupée par les habitants, entourait le Kremlin; les rues en étaient longues, ordinairement larges, toujours sinueuses et mal pavées. Au delà étaient trente faubourgs, presque
tous composés de chétives cabanes en bois. Aucune ville ne présentait
d'une manière plus frappante le contraste du luxe le plus opulent et de
la plus profonde misère. — Moscou contenait un plus grand nombre
d'églises qu'aucune autre ville d'Europe; toutes étaient surmontées de
cinq clochers en forme de dômes, dont un grand au milieu de quatre
petits; la plupart de ces dômes étaient dorés, argentés ou peints en
vert. Ce grand nombre de clochers, la réverbération du soleil sur les
dômes, le mélange de la verdure et des bâtiments, présentaient un
spectacle magnifique qui frappa d'étonnement et d'admiration toute
l'armée française.

et faire acte de soumission; déjà il voyait le prince
Eugène et Poniatowsky déborder la ville ennemie,
devant lui Murat pénétrer dans l'intérieur, et aucune
députation ne se présentait.

Cependant le jour s'écoule, et Moscou reste morne,
silencieuse et comme inanimée. L'anxiété de l'empereur
s'accroît; l'impatience des soldats devient plus difficile
à contenir. Quelques officiers ont pénétré dans l'enceinte
de la ville. « Moscou est déserte ! » Napoléon ne peut
croire à cet événement; il envoie plusieurs aides de camp
s'assurer de l'état des choses; bientôt ils reviennent, les
rapports se succèdent, tous s'accordent : Les trois cent
mille habitants de Moscou l'ont abandonnée, et le silence
du désert règne dans ses rues, dans ses temples et dans
ses palais.

A défaut des boyards, des nobles qu'il attendait en
députation, on parvint à trouver quelques marchands
étrangers, qui n'avaient pas voulu fuir avec les Moscovites; ils vinrent implorer la protection de Napoléon;
et celui-ci, forcé de se contenter de ce simulacre de
soumission, fit enfin son entrée dans la ville. Il était
nuit. Il s'arrêta dans une des premières maisons du
faubourg de Dorogomilof. Là, il assigna aux différents
corps les positions qu'ils devaient occuper autour de
Moscou; il nomma le maréchal Mortier gouverneur de
cette capitale. Il lui enjoignit de se porter immédiatement sur le Kremlin et d'en prendre possession, et il lui
recommanda de déployer la plus grande rigueur pour

empêcher le pillage. Ney, Davout et la vieille garde
arrivèrent successivement, et établirent leurs bivouacs
de chaque côté et en arrière du faubourg de Dorogomilof. Ces généraux, s'attendant à une entrée triomphante
dans Moscou, avaient fait prendre la grande tenue à
leurs troupes.

Pendant ce temps-là, Murat, que nous avons vu pénétrer le premier dans Moscou, avait été frappé d'étonnement en voyant la solitude qui y régnait; la vérité était si
invraisemblable, qu'il ne pouvait la soupçonner; aussi,
craignant que les Russes ne lui eussent dressé quelque
embûche, il ne marchait qu'avec précaution, en poussant des reconnaissances dans les rues qui aboutissaient
à celles qu'il suivait. Parvenu près du Kremlin, ce
silence et cette solitude qui avaient régné jusque alors,
cessèrent tout à coup; la route se trouva encombrée par
une foule d'hommes du peuple, de soldats, de Cosaques,
au milieu desquels se trouvaient un grand nombre de
voitures chargées de blessés et de bagages; quelques
coups de fusils suffirent pour disperser ce rassemble-
ment et rendre libre la circulation. Cet incident engagea
Murat à redoubler de précautions dans la crainte d'une
surprise; aussi ne fut-ce qu'à sept heures du soir qu'il
eut traversé Moscou, à peu près à l'heure où Napoléon
s'installait à l'autre extrémité de la ville. Mortier fit
bivouaquer son corps d'armée dans l'intérieur et dans
le voisinage du Kremlin, et poussa des reconnaissances
dans différentes directions.

CHAPITRE IV

Après tant de fatigues on pouvait compter au moins sur une nuit de repos. Mais à peine chefs et soldats commençaient-ils à se livrer au sommeil, que le cri : Au feu ! se fait entendre, et que sur différents points on voit éclater l'incendie. Le feu avait commencé au bazar, au centre de la ville et dans le quartier le plus riche. Napoléon, instruit de ce qui se passe, donne des ordres et

4

les multiplie. Le jour venu, il court lui-même sur le théâtre principal du sinistre; il menace la jeune garde et Mortier; car il attribue les divers incendies qui ont éclaté au pillage exercé, malgré ses défenses, dans les maisons abandonnées, et à l'imprudence des maraudeurs. Mais le maréchal Mortier lui montre des maisons couvertes en fer; elles sont toutes fermées, encore intactes, et sans la moindre effraction; cependant une fumée noire en sort déjà. Ce n'est pas tout, on vient d'arrêter plusieurs incendiaires pris en flagrant délit; ils répondent, quand on les interroge, qu'ils n'ont agi que par les ordres de Rostopchin. Après ce qu'il vient de voir et d'entendre, Napoléon entre tout pensif dans le Kremlin.

« A la vue de ce palais, à la fois gothique et moderne, des Romanof et des Rurik, de leur trône encore debout, de cette croix du grand Ivan, et de la plus belle partie de la ville, que le Kremlin domine, et que les flammes, encore renfermées dans le bazar, semblent devoir respecter, il reprend son premier espoir. Son ambition est flattée de cette conquête; on l'entend s'écrier : « Je suis donc enfin dans Moscou, dans l'antique palais des czars, dans le Kremlin! » Il en examine tous les détails avec un orgueil curieux et satisfait.

« Toutefois il se fait rendre compte des ressources que présente la ville, et, dans ce court moment, tout à l'espérance, il écrit des paroles de paix à l'empereur Alexandre. Un officier supérieur ennemi venait d'être trouvé dans le grand hôpital ; il fut chargé de cette lettre. Ce fut à la sinistre lueur des flammes du bazar que Napoléon l'acheva, et que partit le Russe. Celui-ci dut porter la nouvelle de ce désastre à son souverain, dont cet incendie fut la seule réponse.

« Le jour favorisa les efforts du duc de Trévise ; il se rendit maître du feu. Quelques incendiaires seulement avaient été pris. Le plus grand nombre se tint caché, attendant une autre occasion. Enfin, des ordres sévères étant donnés, l'ordre rétabli, l'inquiétude suspendue, chacun alla s'emparer d'une maison commode ou d'un palais somptueux, pensant y trouver un bien-être acheté par de si longues et de si excessives privations (1). »

Aussitôt que Napoléon eut acquis la certitude que c'étaient les Russes qui brûlaient eux-mêmes leur capitale, il abandonna les événements à leur cours naturel. Dans la nuit du 15 au 16, les incendiaires redoublèrent d'activité et d'audace ; l'incendie fit des progrès effrayants. Le 16 au matin, un vent impétueux le rendit presque général. Moscou offrit alors le spectacle d'une mer de flammes agitée par les vents. Une terrasse qui domine la ville régnait à la hauteur des appartements qu'occupait Napoléon ; de là il pouvait contempler à loisir cet épouvantable spectacle. Il voyait avec la plus amère douleur la destruction d'une ville sur la possession

(1) Le général comte de Ségur, *Histoire de Napoléon et de la grande armée pendant l'année* 1812.

de laquelle il avait fondé ses espérances ; on l'entendit
s'écrier : « Moscou n'est plus ; je perds la récompense
que j'avais promise à ma brave armée. »

Dans les quartiers qui avoisinent le Kremlin, les
maisons se touchent comme dans les autres villes d'Europe ; un grand nombre de rues se trouvèrent intercep-
tées, par le feu ; Napoléon se vit exposé à être séparé
momentanément de son armée. Il était d'ailleurs incom-
modé par la chaleur que répandait l'incendie, et une
pluie de feu tombait continuellement sur les bâtiments
qui se trouvaient dans le Kremlin ; néanmoins il s'obsti-
nait à y rester, malgré les instances des généraux qui
l'entouraient, lorsqu'on lui rendit compte qu'on avait
tenté d'incendier le palais même qu'il occupait ; que le
feu éclatait à la tour de l'arsenal, et qu'un soldat de police
qu'on venait d'arrêter dans ce bâtiment était accusé de
l'y avoir mis. Ces circonstances décidèrent Napoléon ;
il fit interroger devant lui le soldat de police, et aussitôt
après il partit (le 16 septembre au soir) pour transporter son quartier général à Pétrowskoë, à une demi-lieue
de Moscou, sur la route de Pétersbourg.

Nous avons vu que Napoléon avait sévèrement défendu le pillage ; cet ordre eût été exécuté par l'intérêt
que l'armée avait à la conservation de cette capitale,
intérêt qui était vivement senti même par les simples
soldats. Mais quand le soldat vit les Russes eux-mêmes
travailler à la destruction de leur ville, il ne put résister
au désir de s'approprier des objets qui allaient être la

proie des flammes. Le désordre suivit donc les progrès
de l'incendie et fut promptement porté à son comble. Un
effroyable tumulte succéda bientôt à cette solitude inat-
tendue qui régnait dans Moscou lorsqu'on y pénétra.
On entendait à la fois le pétillement des flammes, l'af-
faissement des bâtiments, les cris des animaux abandonnés, les gémissements des habitants, les impréca-
tions du soldat ivre disputant aux flammes une partie de
leur proie. Le pillage et l'incendie marchaient de front.
Tous pillaient, ou achetaient à vil prix les produits du
pillage, et l'intérêt réunit plus d'une fois dans le même
lieu l'habit brodé du général et le simple vêtement du
soldat. Le jour, des tourbillons de fumée s'élevant de
toutes parts formaient un nuage épais qui obscurcissait
la lumière du soleil; la nuit, les flammes, mêlées à ces
tourbillons, répandaient au loin une sombre clarté.

Pendant les journées des 16, 17 et 18, l'incendie
continua ses ravages avec la même violence; il diminua
le 19, s'arrêta le 20 à la suite d'une pluie abondante,
et depuis il ne se déclara que des incendies purement
accidentels. Le Kremlin, préservé par son enceinte et
par la précaution de n'y laisser pénétrer que des militaires, était resté intact. Les autres quartiers conservés
étaient une partie de celui où habitaient les marchands
étrangers. Ils avaient dû le salut de leurs maisons à la
précaution qu'ils avaient prise de ne pas les quitter, et
surtout d'offrir leur logement à des officiers français
sous la protection desquels ils s'étaient placés. Plu-

sieurs faubourgs et parties de la ville qui les avoisinaient furent aussi épargnés. Dans quelques endroits le feu s'était arrêté faute d'aliments, presque partout grâce à la surveillance exercée par les habitants restés dans leurs maisons, et surtout par les militaires logés dans celles qui étaient abandonnées. Mais ce qui avait été préservé était bien peu de chose à côté du sinistre qui avait frappé cette immense cité; en effet, les neuf dixièmes des maisons de Moscou et plus de la moitié des églises avaient été la proie des flammes.

Dans la partie détruite, la terre était couverte de cendres, de tas de briques, de feuilles de tôle, de débris fumants et de cadavres d'hommes et d'animaux défigurés par le feu; il ne restait debout que quelques églises, des pans de murailles, des débris de péristyles, des arbres à demi consumés, et un grand nombre de cheminées qui, d'une certaine distance, semblaient être de hautes colonnes isolées.

Dès le 18, Napoléon était revenu habiter l'ancien palais des czars, que son isolement, comme nous l'avons dit, avait préservé des flammes. Les soldats fouillèrent dans les ruines des maisons incendiées, et trouvèrent dans les caves une grande quantité de denrées et de marchandises précieuses; les jardins environnants fournirent aussi des légumes : de sorte que l'armée se trouva momentanément dans l'abondance.

Cependant l'armée russe, que l'incendie de Moscou avait préservée d'une poursuite immédiate, errait au-

tour des ruines de la capitale; on assure que dans ce
mouvement, qui pouvait la mettre en péril, Kutusof
voulut accomplir une haute intention politique. Il savait
que le spectacle de la destruction de la ville sainte,
qu'il attribuait au vandalisme des Français, remplirait
les soldats d'une haine implacable. Pressé par quelques
corps envoyés à sa poursuite, il rétrograda vers Kolou-
ga, et s'arrêta à Taroutino, à seize lieues sud-ouest de
Moscou.

Les prévisions de l'empereur étaient complétement
déçues; en faisant des propositions de paix, il avouait
l'embarras de sa position. Alexandre ne pouvait traiter
avec lui sans encourir le reproche de faiblesse et sans
manquer à ce qu'il devait au dévouement de ses sujets :
vainement Napoléon attendit une réponse à ses messages ;
enfin, le 4 octobre, il envoya Lauriston à Taroutino
pour demander à Kutusof la suspension des hostilités
et un sauf-conduit pour se rendre à Pétersbourg, où
il devait présenter à Alexandre des propositions de paix.
Kutusof objecta que cette demande excédait ses pouvoirs, mais qu'il enverrait lui-même un de ses officiers
à Pétersbourg pour prendre les ordres de l'empereur. Il
est probable que la dépêche qu'il expédia dès le lendemain par le prince Volkonski n'était rien moins que
pacifique. Ces délais, si funestes à l'armée française,
lui donnaient le temps de refaire la sienne, et la saison
qui avançait ne pouvait que multiplier ses chances de
succès.

Au moment de ces négociations, Murat et Benigsen convinrent verbalement de suspendre les hostilités.

Au nord et au midi, les nouvelles n'étaient point rassurantes. Wittgenstein, qui menaçait Polotsk, si bien défendue jusque-là par Gouvion-Saint-Cyr, venait de voir son armée augmentée par celle de Finlande, qui n'avait plus rien à craindre des Suédois. Cette manœuvre força Victor à se porter au secours de Saint-Cyr; mais en même temps il dégarnissait le centre, et l'armée de Moldavie, se trouvant dégagée par la paix de Bucharest, était venue se réunir à Thitchagof, qui passa le Styr et s'avança contre le corps auxiliaire autrichien, commandé par Schwarzenberg. Celui-ci se retira derrière le Bug, découvrant ainsi Varsovie et les abords de Minsk et de Wilna. Ainsi Napoléon avait devant lui l'armée de Kutusof, forte maintenant de cent mille hommes, et la défense de ses deux ailes était compromise. Une paix honorable eût pu encore relever sa fortune; mais plus il avait intérêt à la conclure, moins il devait s'attendre à l'obtenir.

Le 13 octobre, le temps se mit subitement au froid; à la vue des premières neiges, l'empereur déclara « que dans vingt jours il fallait être en quartier d'hiver; » en même temps il donna l'ordre de faire évacuer sur Smolensk les malades et les blessés.

L'empereur avait résolu de diriger sa retraite vers le sud, qui lui offrait plus de ressources; dans ce but, il concentra ses forces dans la capitale et aux environs.

Le 18, les Russes avaient brusquement attaqué Murat à Vinkovo; les Français surpris reculèrent d'abord et perdirent quelques canons; mais bientôt ils forcèrent les Russes à se retirer sur Taroutino. Les pertes se balancèrent de part et d'autre. Les Russes eurent deux mille tués, parmi lesquels deux généraux, Baghavout et Müller; Benigsen fut grièvement blessé; les Français eurent aussi deux mille tués, et deux de leurs généraux, Déry et Fischer, tombèrent sur le champ de bataille. Mais ils avaient lutté contre des forces bien supérieures. Telle fut la réponse d'Alexandre aux messages de Napoléon.

A la nouvelle de l'affaire de Vinkovo, Napoléon, ayant perdu tout espoir de traiter, et reconnaissant l'impossibilité de prolonger plus longtemps son séjour à Moscou, donna l'ordre de la retraite; il laissa dans le Kremlin Mortier avec six mille hommes; le maréchal, après avoir fait sauter cette forteresse, devait venir rejoindre l'armée par Kéréia et Médyn (1).

Pour avoir une idée de la pesanteur de l'armée au moment de son départ, il faut se représenter d'abord six cents bouches à feu et deux mille caissons d'artillerie, que traînaient péniblement des chevaux exténués; puis les calèches des généraux, leurs fourgons et ceux des administrations, les voitures de toute espèce des employés, celles des familles françaises et étrangères qui

(1) Cet ordre ne fut exécuté qu'en partie, et les dégâts causés par les explosions furent promptement réparés par les Russes.

fuyaient Moscou à la suite de l'armée ; enfin des milliers
de petits chars (kibitki) fort communs dans le pays, que
s'étaient procurés la plupart des officiers de tous grades,
et qui, chargés de provisions et d'effets d'habillement,
marchaient à la suite des corps.

L'empereur s'avançait sur la route de Kalouga, parais-
sant vouloir se diriger sur Taroutino; mais, le 21, l'armée tourna à droite dans la direction de Malo-Iaroslavetz.
Le soir du 23, les différents corps ayant suivi ce mouvement sans que l'ennemi en fût informé, les têtes de
colonnes de l'avant-garde française occupèrent la ville.
Cependant Kutusof, averti par ses éclaireurs de la
marche de l'ennemi, quitta en toute hâte la position
de Taroutino, et toute l'armée russe se porta sur Malo-
Iaroslavetz. Dokhtourof en chassa deux bataillons français. Eugène le fait attaquer par la division Delzons,
qui repousse les Russes à l'autre extrémité de cette ville
ouverte; Dokhtourof les rallie, et les Français sont
repoussés à leur tour jusque sur la grande place, où
la lutte recommence avec acharnement. Delzons est
frappé d'une balle : son frère s'élance pour le secourir;
ils tombent tous deux dans les bras l'un de l'autre. Déjà
les Français plient, lorsque Guilleminot vient rétablir
le combat. La division Broussier seconde Guilleminot,
qui pendant quelques instants reste maître de la ville.
Les Russes retournent à la charge, et ressaisissent encore
l'avantage.

Pendant cette lutte héroïque, Napoléon venait d'arri-

ver, suivi de près par sa garde et le corps de Davout :
il donne l'ordre à Gérard et à Compans de prendre la
ville à revers ; au même moment l'armée de Kutusof,
forte de soixante-dix mille hommes, débouche dans
la plaine. L'artillerie française, croisant son feu, fou-
droie leurs têtes de colonnes ; mais la lutte continuait
dans la ville. La division Pino s'élance au secours des
Français ; Eugène, à la tête de la garde royale italienne, a rétabli le combat, et se fraie un chemin san-
glant jusqu'à la place, où l'attend le corps entier de
Raïevskoï, qui venait de remplacer celui de Dokhtourof ; l'artillerie française, longtemps gênée par les difficultés du terrain, se développe alors et sillonne les rangs
ennemis : les Français, la baïonnette en avant, s'irritent
des obstacles que la bravoure des Russes leur oppose ; ils
rejettent enfin hors de la ville l'ennemi, qui, rompant
ses colonnes, abandonne la position pour la septième
fois. Eugène vainqueur déploie sa petite armée en avant
de Malo-Iaroslavetz.

Cet épisode, où les Français recueillirent de la
gloire, puisqu'ils obligèrent à la retraite des forces
quadruples, qui avaient pour elles l'avantage de la position, est un des faits d'armes qui honorent le plus la
valeur de nos troupes : les Italiens s'y montrèrent nos
dignes émules ; et les Russes, qui jamais ne déployèrent
plus de constance et de courage, ont noblement rendu
justice à leurs adversaires. La lutte avait duré douze
heures ; la ville n'offrait plus que des décombres fu-

mants, où gisaient pêle-mêle, et dans la position où la
mort les avait frappés, les corps de huit mille Russes et
de quatre mille Français, différence qu'expliquent les
effets puissants de notre artillerie.

Par un jeu bizarre de la fortune, le résultat de cette
bataille fut plus funeste aux vainqueurs qu'aux vaincus.
Napoléon, supposant, d'après les mouvements de Kutusof, que ce général était décidé à se maintenir dans sa
position, avait consulté Murat, Bessière et le comte de
Lobau sur l'opportunité d'une nouvelle attaque. Tous
furent d'avis que dans l'état où se trouvait l'armée française, il fallait renoncer à la marche projetée sur Kalouga;
le comte de Lobau, interrogé en dernier lieu, insista sur
« la nécessité de se retirer sur le Niémen, par la route
la plus courte et la plus connue, par Mojaïsk, et le plus
promptement possible. » Napoléon seul était d'un avis
contraire; il avait voulu suivre la route du midi, parce
qu'il y trouverait des ressources que ne pouvait lui offrir
la route de Mojaïsk, déjà épuisée par le premier passage
de l'armée, et il avait peine à se décider à abandonner
ce projet. Tandis que Napoléon hésitait, Kutusof était
dans une perplexité semblable. Persuadé que Napoléon
manœuvrait sur son flanc pour gagner Médyn et couper
ainsi ses communications avec Tchitchagof, il se décida
à rétrograder. De son côté, et dans l'ignorance de cette
nouvelle détermination, l'empereur se résigna enfin à
faire volte-face vers le nord, dans la direction de
Mojaïsk, en même temps que Kutusof, ne pouvant se-

persuader que l'armée française se retirait par une route déjà dévastée et sans ressources, manœuvrait pour lui fermer le chemin du sud. Lorsque ses doutes furent levés, il se contenta de harceler sans relâche l'ennemi, attendant que l'hiver, ce puissant auxiliaire des Russes, le lui livrât sans défense. Cependant deux lieutenants de Kutusof, Miloradovitch et Platof, attaquèrent vivement les Français près de Viazma. Ceux-ci, malgré leur faiblesse, eurent encore la gloire de faire reculer les Russes; mais ils perdirent quatre mille hommes. « On avait sauvé l'honneur, dit M. de Ségur ; mais il y avait dans les rangs des vides immenses. Il fallut tout resserrer, tout réduire, pour mettre quelque ensemble dans ce qui restait. Chaque régiment formait à peine un bataillon, chaque bataillon un peloton. Les soldats n'avaient plus leurs places, leurs compagnons et leurs chefs accoutumés. Cette triste réorganisation se fit à la lueur de l'incendie de Viazma, et au bruit successif des coups de canon de Ney et de Miloradovitch, dont les retentissements se prolongeaient à travers la double obscurité de la nuit et des forêts. Plusieurs fois ces restes de braves soldats se crurent attaqués, et se traînèrent à leurs armes. Le lendemain, quand ils reprirent leurs rangs, ils s'étonnèrent de leur petit nombre (1). »

On était au 4 novembre. La marche devenait de jour

(1) Le général comte de Ségur, *Histoire de Napoléon et de la grande armée pendant l'année* 1812, t. II, ch. x.

en jour plus pesante ; à chaque pas on voyait augment
le nombre des traînards et des blessés. Les chevaux (
train tombaient de fatigue et d'épuisement : il fall
abandonner des caissons et quelques bagages. Et
n'était encore là que le commencement de nos misère:

La neige avait commencé à tomber dans la journ
du 4, mais en petite quantité ; le 5, elle avait été pl
abondante ; le 6, elle tomba à flots pressés, et, pouss
par un vent nord-ouest, elle recouvrit bientôt la ter
d'une couche épaisse, qui ne présentait plus à l'œ
attristé qu'une immense plaine d'un blanc éclatan
Toutes traces de route avaient disparu, et plusieu
détachements, en cherchant un abri, s'égarèrent ; l
soldats les moins robustes, roidis par le froid, laissaie
tomber leurs armes et se laissaient massacrer par l
Cosaques. Peu à peu la route, foulée par les chevau
et les voitures, devint aussi dure et aussi glissante qu
du verglas. A cette latitude, cet état de choses subsis
à peu près cinq mois ; les Russes sont toujours prépar
à ce changement ; les chevaux sont d'avance ferrés
glace ; ils mettent sur traîneaux leurs voitures de tran
port, ainsi que le canon des parcs ; et les Cosaques or
alors des pièces légères sur affûts-traîneaux. Dans l'ar
mée française, au contraire, on ne s'y était point pré
paré ; les chevaux n'ayant point été ferrés à glace, glis
saient au moindre mouvement, s'épuisaient en effort
impuissants et s'abattaient à chaque instant. On perdi
tout à coup la plus grande partie de ce qui restait d

cavalerie, et l'on fut contraint d'abandonner beaucoup d'artillerie et de bagages. On vit alors des objets précieux, provenant du pillage de Moscou, dispersés sur la route; ils ne tentaient plus la cupidité; on ne songeait qu'à se procurer des aliments.

Un petit nombre de régiments avaient conservé quelques bestiaux en les faisant paître avant l'apparition des neiges; il devint impossible de les nourrir désormais. L'armée, marchant sans relâche, ne recevant de distributions de vivres nulle part, se trouva réduite, pour toute nourriture, à la chair des chevaux ; le soldat dépeçait à l'instant ceux que l'on était contraint d'abandonner. Le froid plus rigoureux vint se joindre à tant de maux. Les forces humaines ne pouvant lutter contre de semblables vicissitudes, les désastres de l'armée augmentèrent dans une proportion effrayante ; elle éprouva toutes les horreurs de la famine. Le nombre des traînards s'accrut de manière à faire craindre que l'armée ne présentât bientôt plus qu'une masse confuse; l'indiscipline et l'insubordination gagnèrent ce qui était resté sous les drapeaux. Bientôt l'aspect de la route devint affreux; elle était jonchée de cadavres d'hommes et de chevaux, et couverte d'une foule de malheureux se traînant à peine, tandis que d'autres expiraient de faim, de fatigue, de maladie et de leurs blessures. Chaque soir, un grand nombre de malheureux qui n'avaient pu suivre leurs corps, imploraient une place auprès des bivouacs déjà établis ; mais on les repoussait durement,

et ils allaient expirer à quelques pas de là ; aussi l'armée
lorsqu'elle quittait ses bivouacs, les laissait-elle couvert:
de morts, ce qui leur donnait l'aspect d'un champ d*
bataille. Au point du jour, tout ce qui avait bivouaqu*
sur le bord de la route et qui conservait encore quelqu*
force, se remettait en marche ; on voyait arriver d*
l'intérieur des terres un grand nombre de militaire:
isolés, ou réunis par bandes plus ou moins nombreuses
« Ils n'avaient point déserté lâchement leurs drapeaux
dit M. de Ségur ; c'était le froid, l'inanition qui le:
avaient détachés de leurs colonnes. » Ils se dirigeaien*
sur la grande route, où ils se formaient en colonn*
épaisse de traînards. La nuit couvrait de son ombr*
les maux qui accablaient l'armée, et le jour suivan*
se reproduisaient les mêmes scènes, et de plus terrible:
encore.

A Dorogobouje, l'armée se divisa ; Eugène et Ponia-
towski se dirigèrent sur Vitepsk par une route devenu*
impraticable pour les chevaux de trait. Platof suivai*
cette colonne, tuant ou faisant prisonniers tous ceux qu*
s'écartaient. L'empereur, Davout, et Ney, qui formai*
l'arrière-garde, se portèrent directement sur Smolensk.
Napoléon y entra le 9 avec sa garde ; le 10, Davout l*
rejoignit ; le 13, Eugène ramena les débris de l'armé*
d'Italie ; il avait perdu soixante pièces de canon et la
plus grande partie de ses bagages. Ce fut à Smolensk
que Napoléon put apprécier toute l'étendue de ses
pertes ; de cette armée si belle il lui restait sous les

armes environ quarante mille hommes, dont cinq à peine de cavalerie mal montés.

Pendant ce temps-là, l'armée du Nord, après des alternatives de succès et de revers, avait abandonné Polotsk; Gouvion Saint-Cyr, menacé par Wittgenstein et l'armée de Finlande, manœuvrait pour se réunir à Victor, qui se trouva bientôt à la tête de trente-six mille hommes; à Smoliani, Wittgenstein l'attaqua sans pouvoir le forcer dans ses dernières lignes; mais le maréchal profita de la nuit pour se replier sur Sanuo, laissant ainsi à découvert les routes de Minsk, de Vitepsk et de Wilna. Vitepsk fut occupé par les Russes, qui firent prisonniers le général Poujet, le commandant Chevardès, et une partie de la garnison. D'un autre côté, Tchitchagof, tendant à établir ses communications avec Wittgenstein, dans le but de couper la retraite de Napoléon sur la ligne de la Bérésina, marchait sur Minsk à la tête d'environ trente mille hommes.

En même temps, l'armée de Kutusof s'avançait sur Smolensk; les guerriers russes, habitués au froid, abondamment pourvus de munitions et de vivres, rencontraient à chaque pas les débris de cette désastreuse retraite; défaits dans toutes les batailles, ils avaient cependant les avantages de la victoire; et les vainqueurs de Smolensk, de la Moskova, de Polotsk et de Malo-Iaroslavetz se retiraient devant eux. Les funestes symptômes d'une désorganisation complète commençaient à se manifester dans les restes de l'armée française. Les ordres de l'empereur, que la nouveauté des circonstances permettait d'interpréter avec plus de latitude, n'étaient plus exécutés ponctuellement : c'est ainsi que Baraguay-d'Hilliers négligea de faire replier sur sa division un corps isolé de deux mille hommes qui, surpris par des partisans russes, se vit forcé de mettre bas les armes.

Kutusóf, poussant ses avantages, embrassait de ses ailes la position de l'empereur : avant d'arriver jusqu'à Minsk par Orcha et Borisof, l'armée française avait soixante lieues à parcourir. Le 14 novembre, Napoléon quitta Smolensk avec sa vieille garde; Eugène et Davout devaient suivre à un jour de distance; Ney reçut l'ordre de n'évacuer la ville que le 17, après avoir fait sauter les tours de l'enceinte et détruit ce qu'il ne pouvait transporter. A Krasnoï, l'empereur se vit presque entièrement entouré par l'armée russe, qui l'attaqua mollement. Eugène n'échappa que par miracle à Miloradovitch, et rejoignit l'empereur à Krasnoï. Kutusof semblait n'avoir plus qu'à oser pour anéantir, par le choc de son armée, les débris des colonnes françaises; le 17, il fit ses dispositions pour attaquer; le lendemain, au point du jour, l'empereur sort de la ville à la tête de douze mille hommes de sa garde, tout prêt à engager le combat. Le général russe, étonné de cette résolution, rappelle à lui les corps de Tormassof et de Miloradovitch, qui laissent ainsi le passage libre à Davout et au vice-roi. Cette démonstration de l'empereur lui permit d'accomplir sa retraite sur Orcha; mais il laissait en arrière le maréchal Ney. Les Russes, qui auraient pu anéantir tout le reste de la grande armée, recueillirent de ces trois jours de combat huit mille prisonniers faits parmi les traînards, et plusieurs centaines de canons abandonnés. A Dombrovna, Napoléon reçut la nouvelle de l'occupation de Minsk par les Russes; le 19, il entra dans Orcha, où son armée trouva quelque artillerie et des approvisionnements.

Cependant, resté seul en arrière avec une poignée de braves, Ney exécuta, sous le feu de l'armée russe qui l'entourait de toutes parts, cette retraite prodigieuse qui eût suffi pour l'immortaliser, et dont les Russes eux-mêmes n'ont parlé qu'avec admiration; le 21, il ramena à Orcha trois mille hommes, débris glorieux de sa petite armée.

L'empereur, en s'avançant vers la Bérésina, ne supposait pas que Borisof fût déjà au pouvoir des Russes. Mais Tchitchagof, après s'être emparé de Minsk, s'était porté rapidement sur Borisof, défendu par Dombrowski. Ce brave général polonais lui opposa une vigoureuse résistance; mais il dut céder à l'immense supériorité des forces qui l'attaquaient.

Il était de la plus haute importance pour Napoléon de reprendre Borisof, pour s'assurer les moyens de passer la Bérésina. Oudinot, secondé de Dombrowski, rentra dans cette ville, culbutant la division Pahlen, qui repassa précipitamment le fleuve et rompit le pont

derrière elle. Sur l'autre rive on découvrit toute l'armée
de Tchitchagof occupant les hauteurs.

L'empereur venait d'arriver à Bohr. Il fut décidé
qu'on passerait la Bérésina au gué de Stoudianka ; le
dégel qui s'était manifesté depuis quelques jours présentait de grandes difficultés aux pontonniers ; mais,
le 24, une forte gelée raffermit les terrains, et facilita
le transport de l'artillerie.

L'armée, aux environs de Borisof, offrait encore un
effectif de quarante-cinq mille hommes et de deux cent
cinquante canons ; les non-combattants, qui se traînaient à la suite des corps, formaient une masse d'environ quinze mille hommes.

Le corps d'Oudinot passa le premier, et rejeta une
division ennemie dans la direction de Borisof. Le 28
au matin, il ne restait plus sur la rive gauche du fleuve
que la division Gérard et celle de Parthouneaux, qui
devaient protéger les ponts et détourner l'attention de
Tchitchagof. Ce général aurait pu facilement inquiéter
la retraite des Français ; il en avait été empêché par les
ordres de Kutusof, qui resta longtemps persuadé que
Napoléon voulait s'ouvrir un passage vers Minsk. Cependant, mieux instruit de la marche de l'empereur, il se
mit bientôt en devoir de prendre l'offensive. Platof et
Wittgenstein se joignirent bientôt aux forces qui occupaient Victor, lequel eut la gloire de ne pas se laisser
entamer. Parthouneaux, cerné avec toute sa division,
s'était vu forcé de se rendre ; entre Borisof et le fleuve

s'était pressée la foule des non-combattants : les bagages, les voitures chargées de blessés, tout offrait sur ce point l'image du désordre et de la confusion. L'artillerie ennemie foudroya longtemps cette masse immobile, qui n'avait plus assez d'énergie pour fuir ; mais, sur l'autre rivage, Ney soutint glorieusement l'honneur de l'armée française ; après une lutte longue et meurtrière le maréchal ordonne une attaque générale ; les Russes plient sous ce dernier effort, et laissent aux Français le champ de bataille jonché de morts. Tchitchagof était vaincu, et laissait désormais à l'armée française le chemin libre jusqu'à Wilna et au Niémen.

La nuit qui venait de mettre fin aux combats sur les deux rives de la Bérésina, fut une des plus cruelles depuis le départ de Moscou. Le froid redoublait de violence ; le vent du nord, plus âpre, fouettait une neige épaisse sur les hommes sans abri et sans feux. Les bagages entassés près des ponts en obstruaient toujours l'entrée ; longtemps dirigés sur ce terrain resserré, les canons de Wittgenstein l'avaient labouré dans tous les sens, le jonchant des débris de plusieurs milliers de voitures et de chariots culbutés sur des monceaux de cadavres. Durant ce terrible combat, plus de douze mille personnes, hommes et femmes, parmi lesquels on remarquait des familles entières avec leurs enfants, s'étaient vainement efforcées, en remplissant les airs de leurs cris lamentables, de s'ouvrir le passage des ponts ; mais depuis que l'artillerie se taisait, tombés dans un morne

accablement, ils restaient immobiles et transis; insen-
sibles à toutes les affections, on ne les entendait plus
s'appeler réciproquement; chacun, résigné à ne plus
se défendre contre la mort, semblait avoir cessé de
prendre intérêt à la vie de ses amis, de ses parents;
un silence affreux succédait aux accents du désespoir.

A neuf heures du soir, le général Éblé étant parvenu
à désencombrer le passage, les deux divisions de Victor
traversèrent la Bérésina; il ne resta qu'une arrière-
garde devant l'ennemi pour masquer ce mouvement.
L'artillerie suivit; et tout ce corps ayant atteint la rive
droite un peu après minuit, les deux ponts demeurèrent
libres et d'un accès facile. Les non-combattants pouvaient alors passer à leur tour; ils furent avertis à
diverses reprises; on les pressa de profiter du peu de
moments qui leur restaient encore. Mais le temps et
les moyens manquaient pour transporter les bagages
et faire suivre les chariots : la plupart de ces malheureux avaient là toute leur fortune; d'autres, trop affaiblis par la fatigue ou les maladies, s'effrayaient à l'idée
de se mettre en route à pied, au milieu d'une nuit si
froide et si obscure. Tous refusèrent de marcher, attendant le jour, quoi qu'il pût arriver.

En vain, pour les engager à partir, le général Éblé
et le maréchal Victor lui-même, après avoir employé la
prière et jusqu'à la menace, firent brûler quelques-unes
de ces voitures dont l'abandon semblait leur coûter tant
de regrets; ils ne s'en émurent pas; rien ne paraissait

pouvoir les tirer de leur sombre apathie. Aux approches
du jour, l'arrière-garde se retira, et le bruit se répandit
parmi eux qu'on allait détruire les ponts. Tout à coup
la foule se ranime, elle accourt et se presse comme la
veille sur le rivage; le désordre produit encore l'encom-
brement; tout s'arrête; les cris, les querelles recom-
mencent avec fureur. Le général Éblé devait mettre le
feu aux ponts à huit heures; ne voyant point paraître
l'ennemi, il ne commença cette opération qu'à huit
heures et demie. A la vue de la fumée qui obscurcit
l'air près de la rive droite, les cris redoublent : peu
après la flamme s'élève... le passage est fermé.

On vit alors un spectacle effroyable : de ces milliers
d'infortunés dont la dernière espérance vient de s'éva-
nouir, les uns s'efforcent de se frayer un chemin à
travers les flammes; ils se cramponnent aux chevalets,
aux planches à demi consumées, et périssent d'un supplice horrible; d'autres se hasardent sur la glace encore
mal affermie; elle s'entr'ouvre sous leurs pas, ils sont
engloutis !... D'autres enfin essayèrent de passer à la
nage au-dessous des ponts, aucun ne parvint à l'autre
rive. A neuf heures seulement parurent les Cosaques,
qui firent prisonniers environ cinq mille personnes de
tout sexe et de tout âge restées sur la rive gauche; ils n'y
trouvèrent que trois canons et quelques caissons, mais
le butin était immense et très-précieux. Éblé se retira
à neuf heures et demie du matin, après avoir achevé la
destruction des ponts.

La division Loison, forte de dix mille hommes de troupes fraîches, venait d'arriver à Wilna; elle reçut l'ordre de faciliter à l'armée les approches de cette ville. C'est de Malodeczno, où l'empereur arriva le 3 décembre, qu'il dicta le fameux vingt-neuvième et dernier bulletin de cette campagne, bulletin où la vérité, quoique affaiblie par de nombreuses réticences, dépassait de beaucoup les craintes générales. A Smorzoni, Napoléon assembla les chefs, confia le commandement de l'armée à Murat, et partit pour Paris, où il arriva le 19 à minuit.

La rigueur du froid acheva la désorganisation de l'armée; le 7, le thermomètre descendit à vingt-huit degrés Réaumur (35° centigrades) au-dessous de zéro. Les plus robustes marchaient en avant des groupes, car toute trace de discipline avait disparu. Le froid saisissait d'abord les extrémités : la chaleur vitale, concentrée dans les organes essentiels que la nature a prémunis avec tant de prévoyance, causait momentanément un bien-être trompeur; le soldat se laissait aller à une torpeur que suivait bientôt la mort. Les plus jeunes mouraient par milliers : un grand nombre de ceux dont le corps endurci aux fatigues pouvait résister plus longtemps, trouvant plus facile de mourir que de vivre, se couchaient sur la neige et refusaient de se relever. Le feu des bivouacs, dont ces malheureux s'approchaient sans précaution, communiquait la gangrène aux parties gelées, et l'influence d'une chaleur extrême, comme celle d'un froid excessif, avait des résultats non moins funestes. Un reste d'aliment, quelques gouttes d'eau-de-vie étaient alors des ressources précieuses; la loi de conservation avait absorbé tous les autres sentiments; l'ami fuyait son ami pour dévorer seul les misérables ressources que lui offrait le hasard : enfin l'horrible supplice de la faim en poussa quelques-uns à se nourrir de chair humaine.

Cependant la vue de l'ennemi rappelait instinctive-ment autour des aigles les déplorables débris de la grande armée. Murat, qui aimait la gloire sur un grand théâtre, perdit son énergie; Ney, toujours le même, restait le dernier sur le champ de bataille : c'était la providence de l'arrière-garde. Il fallut évacuer Wilna, que menaçaient toutes les forces de l'armée russe. L'armée débandée fut obligée d'abandonner sur la colline de Ponari les équipages de Napoléon, les caissons du trésor, les fourgons et le peu d'artillerie qui restait. Les traînards et les blessés, restés en grand nombre à Wilna, furent cruellement traités par les Cosaques; les Juifs, non moins avides et aussi inhu-mains, assassinaient les Français dans les maisons, et, après les avoir dépouillés, jetaient leurs corps par les fenêtres. Les malades entassés dans les hôpitaux moururent sans secours. Un grand nombre de prison-niers furent dirigés dans l'intérieur; mais, comme nous le verrons plus tard, bien peu parvinrent à leur desti-nation.

Les Cosaques de Platof ayant tourné Kowno, il fallut encore évacuer cette place et se frayer la route l'épée à la main. Vit-on jamais semblables vicissitudes! Les débris des cinq cent mille hommes qui naguère avaient passé le Niémen en vainqueurs, le repassaient aujourd'hui poursuivis par un détachement de Cosaques. Heureusement encore que le Niémen était gelé, et qu'il était facile de le traverser sur la glace, et de plus, que les Cosaques avaient ordre de s'arrêter dans leur poursuite à cette limite de l'empire russe.

Le 14, l'armée ne comptait plus en combattants valides que quatre cents hommes de l'infanterie de la vieille garde, et six cents hommes de la cavalerie de la garde, en y comprenant les régiments de marche qui s'y étaient réunis. Les corps étaient représentés par leurs aigles, escortées par quelques officiers et sous-officiers; toute l'artillerie se réduisait à neuf bouches à feu qu'on avait emmenées de Kowno.

Les Prussiens, en revoyant l'armée, la prirent d'abord pour des militaires isolés qui la précédaient; mais ils furent bientôt détrompés, et dès lors ne déguisèrent point la haine qui les animait contre les Français. Un des premiers effets de cette haine fut la défection du général prussien Yorck, qui vint mettre le comble à nos désastres et nous ôter tout espoir de les réparer.

Ainsi se termina cette funeste campagne de 1812; la Russie était sauvée, et le contre-coup de cette grande réaction allait bientôt ébranler l'édifice colossal de la puissance de Napoléon. Les rois de la vieille Europe mesuraient leurs espérances à l'étendue du désastre impérial. Cependant le soldat-empereur menaçait encore; son génie n'avait rien perdu de sa portée et de sa vigueur; mais le prestige de ses armes était détruit; l'Angleterre reprenait son ascendant; et la Russie, comprenant tous les avantages de sa nouvelle position, renouait en silence les fils rompus de la politique de Pierre Ier et de Catherine II.

J'ai raconté la marche victorieuse des Français jusqu'à Moscou; puis j'ai essayé d'esquisser le tableau des calamités qui ont accompagné leur retraite jusqu'au Niémen. Il me reste, pour compléter le titre de cet ouvrage, à parler du sort des prisonniers français restés entre les mains des Russes pendant cette guerre malheureuse. Ce sera l'objet de la seconde partie de cet ouvrage.

CHAPITRE V

Jusqu'ici, j'ai peu parlé de moi-même; et cela se conçoit. Ayant à raconter des événements aussi graves que ceux qui font le sujet des chapitres précédents, je ne voulais pas interrompre mon récit pour parler de faits qui m'étaient personnels, et mêler mes propres aventures à ces scènes héroïques, à ces catastrophes inouïes, destinées à tenir une place si remarquable dans

l'histoire. D'ailleurs, tout ce qui m'est arrivé pendant
cette campagne pourrait être raconté en quelques lignes;
nuit et jour dans les hôpitaux et les ambulances, tout
mon temps était consacré au soin des blessés et des
malades; j'aurais pu rassembler, si j'en avais eu le loisir, des matériaux précieux pour un livre de clinique,
qui n'aurait peut-être pas été sans intérêt pour mes
confrères en médecine et en chirurgie, mais qui n'en
aurait guère offert aux gens du monde. Je ne pourrais
aussi que répéter jusqu'à satiété les plaintes que je faisais déjà presque au début de la campagne, à Wilna et
à Smolensk, sur l'insuffisance des moyens de pansement
et de médication mis à notre disposition. A Moscou, il
est vrai, nous trouvâmes un peu plus de ressources, et
pendant le séjour que l'armée fit dans cette ville, des
soins plus efficaces purent être donnés à nos malades.
Mais pendant la retraite, et surtout après le combat de
Malo-Iaroslavetz, on peut dire que les blessés furent
en quelque sorte abandonnés à eux-mêmes Et cependant, ce ne fut pas le zèle des officiers de santé de tout
grade qui faillit jamais, ils se multipliaient en quelque
sorte avec un dévouement incroyable; mais que pouvaient leurs efforts contre la masse toujours croissante
de blessés et de malades, et contre les aggravations
apportées par la rigueur de la saison ? Un grand
nombre succombèrent à la fatigue et aux maladies
épidémiques qui régnaient dans les hôpitaux, et que
l'armée semblait traîner avec elle. Moi-même, je fus

atteint de la fièvre à Wilna, et laissé dans cette ville
avec un nombre considérable d'autres malades, quand
elle fut évacuée par l'armée française.

J'ai déjà dit les mauvais traitements qu'eurent à essuyer
les traînards et les blessés de la part des Cosaques lors
de leur entrée à Wilna. Non-seulement les soldats, mais
un grand nombre d'officiers furent victimes de la cruauté
et de la cupidité des Russes et des Juifs. J'échappai au
triste sort de mes compagnons d'infortune, grâce à mon
hôte, médecin lithuanien chez qui j'avais déjà logé lors
de mon premier séjour à Wilna, et que je retrouvai
encore à mon retour, quoique la plupart des habitants
eussent abandonné la ville. Ses soins me rappelèrent
à la santé, mais aussi au sentiment de mes malheurs;
car j'étais prisonnier, et je ne savais plus quand je
pourrais revoir ma patrie, si toutefois je n'étais pas
condamné à mourir sur la terre étrangère. A peine fus-
je rétabli, que je reçus l'ordre de partir avec un convoi
de deux à trois mille prisonniers envoyés dans l'intérieur de la Russie. Tout ce que put faire mon hôte en
ma faveur, fut de me recommander à l'officier qui commandait le détachement de Cosaques chargés de nous
escorter. Cet officier, qui parlait très-bien français,
promit de faire ce qu'il pourrait pour m'aider à sup-
porter les fatigues du long trajet que nous avions à
faire, et m'épargner les mauvais traitements auxquels
les prisonniers étaient trop souvent exposés.

Nous nous mîmes en route le 22 décembre, à l'époque

de l'année où les jours sont si courts à cette latitude, et
où le soleil apparaît à peine pendant quelques heures
sur l'horizon. Le temps était un peu moins froid que
dans les premiers jours du mois, c'est-à-dire qu'au lieu
de 28 degrés Réaumur, le thermomètre variait de 28
à 20 et 22 degrés. A cette température, toutes les
rivières, tous les marais et les lacs étaient gelés; de
sorte que les Cosaques trouvaient toujours une route
facile pour nous conduire.

Ici commence ma triste odyssée, moins triste toutefois pour ce que j'ai eu à souffrir personnellement que
pour les souffrances et les misères dont j'ai été témoin,
et que je ne pouvais soulager. Nous étions près de trois
mille en quittant Wilna; dans ce nombre se trouvaient
environ cent cinquante officiers avec lesquels je mar-
chais à l'arrière-garde. La moitié au moins des hommes
qui composaient le convoi étaient encore malades de la
fièvre, et nous n'avions pas fait une lieue, qu'un grand
nombre tombaient déjà, exténués de fatigue et de besoin.
Aussitôt les Cosaques s'avançaient sur eux en poussant
d'affreux hurlements, et les forçaient à coups de bâton
de se relever et de marcher. Indigné de ce spectacle, je
m'approchai de l'officier à qui j'avais été recommandé
et qui marchait à quelques pas de moi.

« Comment, Monsieur, lui dis-je, pouvez-vous per-
mettre que vos soldats traitent ainsi de malheureux
prisonniers?

— Je sais, Monsieur, interrompit l'officier, tout ce

que vous pouvez me dire là-dessus; mais malheureusement nous ne sommes pas en ce moment tout à fait les maîtres. On a tellement surexcité la haine des paysans et des soldats russes contre les Français, qu'aujourd'hui nous sommes presque impuissants à réprimer les effets de cette haine. Ils ne conçoivent pas qu'on puisse épargner des hommes qui ont incendié Moscou la *sainte*, et dans plus d'un village, si l'on y eût fait entrer les prisonniers, ils auraient été égorgés malgré l'escorte. Aussi est-on obligé de faire bivouaquer les convois....

— Comment! Monsieur, interrompis-je à mon tour, est-ce que par ce froid excessif, et avec des hommes en partie malades, nous ne logerons pas dans des villages?

— Cela nous est expressément défendu, non pas précisément par le motif dont je vous parlais tout à l'heure, car, sous ce rapport vous n'auriez rien à craindre, du moins tant que nous serons en Lithuanie; mais ce qu'on redoute, c'est la fièvre d'hôpital dont la plupart des prisonniers sont atteints, maladie qui, comme vous le savez, est essentiellement contagieuse, et qui se communiquerait infailliblement aux habitants des villages forcés de vous loger.

— Je conçois cela; mais alors il eût mieux valu nous laisser mourir à Wilna; au moins on nous eût épargné les tourments inutiles d'un voyage aussi long et aussi pénible dans cette saison.

— On ne pouvait pas vous laisser à Wilna, parce que

cette ville va être occupée par un nombreux corps de
troupes russes. Votre translation dans l'intérieur de
l'empire est donc une de ces nécessités de la guerre auxquelles il faut vous soumettre.

— Sans doute, et nous sommes tout disposés à le
faire; mais au moins ne faudrait-il pas aggraver les
maux de ces malheureux soldats par des rigueurs inutiles, et aux souffrances occasionnées par la marche,
les privations, l'âpreté du climat et la maladie, ajouter
les traitements barbares et inhumains que se permet-
taient tout à l'heure les Cosaques de l'escorte. »

L'officier parut mécontent de mon insistance à revenir
sur ce sujet. Il me répondit, d'un ton toujours poli,
mais où perçait la mauvaise humeur :

« Je vous ai déjà dit, Monsieur, que nous sommes
impuissants à empêcher ces effets d'une irritation dont
la cause remonte d'ailleurs à ceux qui sont venus nous
apporter si injustement la guerre; il est donc inutile de
revenir là-dessus, et même, si vous voulez m'en croire,
quelles que soient les choses de cette nature dont vous
soyez témoin par la suite, je vous engage à garder le
silence et à ne pas manifester trop haut votre mécontentement et votre indignation. Que voulez-vous? ce sont
des malheurs auxquels doivent s'attendre des hommes
civilisés comme vous, quand ils viennent faire la guerre
à des barbares comme nous.... »

A ces mots, l'officier s'éloigna comme pour aller donner des ordres à ses soldats, et me laissa livré à mes

6

réflexions. On conçoit de quelle sombre tristesse elles
devaient être empreintes, après les paroles que je venais
d'entendre, et surtout le ton d'ironie et de sarcasme
qui avait marqué la dernière phrase. J'avais eu d'abord
quelque espoir en entendant avec quelle douceur et
quelle politesse il s'était exprimé en commençant; la
facilité, la pureté avec laquelle il parlait notre langue,
sans aucun accent étranger, m'avait aussi prévenu en sa
faveur; mais sa physionomie changea tout à coup quand
il m'entendit de nouveau me plaindre de la conduite de
ses soldats, et quoiqu'il n'eût pas donné à sa voix une
expression plus rude, ses yeux s'animèrent d'un feu
sombre et cruel qui m'épouvanta. Je me rappelai invo-
lontairement ce mot d'un écrivain célèbre : « Grattez un
Russe, et vous trouverez dessous la peau d'un Tartare. »

Notre première étape ne fut que de quatre lieues. On
nous fit arrêter à quelque distance d'un village, dont
nous apercevions les maisons bordant la route que nous
suivions. On organisa aussitôt un bivouac et des feux
en nombre suffisant pour que tout le monde pût s'en
approcher, se chauffer et faire cuire le peu d'aliments
qui nous fut distribué. Nous obtînmes aussi de la
paille, pour les officiers seulement, et nous pûmes dormir un peu, enveloppés de nos manteaux. Au point du
jour, et quand il fallut se remettre en route, un triste
spectacle nous attendait : vingt-cinq à trente soldats ne
se levèrent pas à l'appel; ils étaient morts. Quelques-
uns étaient tellement collés à la terre par la gelée, qu'il

fut impossible de les en arracher. On fut obligé, pour y parvenir, de dégeler la glace autour d'eux avec du feu ; puis, quand tous ces cadavres eurent été réunis, les Cosaques allumèrent un énorme bûcher et y jetèrent les restes de nos malheureux compagnons. Pendant ce temps-là, nous reprenions notre marche, en jetant un dernier regard sur le bûcher funèbre, et en pensant que de pareilles funérailles étaient peut-être réservées à chacun de nous.

Quelle désolante perspective pour l'avenir! Nous étions au second jour de notre voyage, et combien de temps devait-il durer avant d'avoir atteint notre destination ! Quel était d'ailleurs le terme de notre route? Nous n'en savions rien; peut-être nous ferait-on ainsi errer dans les steppes de la Russie jusqu'à ce que nous fussions tombés un à un comme nos infortunés compagnons de la nuit dernière. Cet immense tapis de neige qui couvrait la plaine que nous traversions, nous apparaissait alors comme le linceul funèbre destiné à nous ensevelir. Accablés par ces pensées, plusieurs d'entre nous s'abandonnèrent au désespoir, et se laissèrent tomber sur la route pour ne plus se relever.

Les scènes de la veille se renouvelèrent au second bivouac, et à tous les autres. Souvent pendant la nuit, les hommes qui se sentaient près de mourir se relevaient avec horreur pour lutter debout contre l'agonie; surpris par le froid dans les contorsions de la mort, ils restaient appuyés contre des murs ou des arbres, roides et gelés.

Leur dernière sueur se glaçait sur leurs membres déchar-
nés ; on les voyait les yeux ouverts pour toujours, le
corps fixé dans l'attitude convulsive où la mort les avait
surpris et congelés. Les cadavres restaient là, jusqu'à ce
qu'on les arrachât de leur place pour les brûler : et la
cheville se détachait du pied plus aisément que la semelle
ne se séparait du sol. Quand le jour paraissait, quand
nous levions la tête, nous nous trouvions sous la garde
d'un cercle de statues à peine refroidies, et qui paraissaient postées autour de notre camp comme les senti-
nelles avancées de l'autre monde. L'horreur de ces réveils
ne saurait s'exprimer.

Venait ensuite la cérémonie du bûcher ; ce mode avait
été adopté de préférence à l'inhumation, car il eût été
presque impossible de creuser une fosse à cause de
l'épaisseur et de la dureté de la neige et de la glace, et
cela eût demandé trop de temps ; puis on pensait que
la combustion était un moyen d'empêcher la contagion.
On brûlait vêtements et corps tout ensemble ; mais il
est arrivé plus d'une fois que des hommes encore en vie
ont été jetés au milieu des flammes ! Un instant ranimés
par la douleur, ces malheureux achevaient leur agonie
dans les cris et les tourments du bûcher !

La première fois que nous eûmes ce spectacle, un
cri d'horreur retentit parmi nous ; nos gardiens nous
firent aussitôt mettre en marche, et frappèrent de coups
redoublés ceux qui manifestaient leur indignation par
des gestes plus animés. Je compris alors la recomman-

dation que m'avait faite l'officier, de ne pas donner de
témoignages trop marqués des impressions que me
feraient ressentir certains faits qui pourraient se passer
sous mes yeux. En Russie, il faut s'habituer à voir avec
impassibilité les actes les plus révoltants. Je devais
assister à bien d'autres atrocités.

Comme on le voit, la rigueur du froid nous déci-
mait chaque nuit. Quelquefois on rencontra à l'entrée
des villes un édifice abandonné; on s'en emparait alors
pour y établir notre gîte. On nous entassait à tous les
étages de ces maisons vides. La première fois, nous
nous estimions heureux de passer enfin la nuit sous un
toit; mais nous nous aperçûmes bientôt que ces nuits
n'étaient guère moins rudes que celles du bivouac. En
effet, dans l'intérieur du bâtiment, on ne pouvait faire
du feu qu'à certaines places, tandis qu'en plein air au
moins nous en allumions tout autour de notre campe-
ment. Ainsi, beaucoup de nos gens mouraient de froid
dans leurs chambres faute de moyens pour se réchauffer.
Puis, quand le matin il fallait enlever les morts, les
soldats russes les traînaient par les pieds avec des cordes
liées autour des chevilles. Ils les descendaient ainsi quelquefois d'un second étage, et la tête suivait, frappant
et rebondissant de marche en marche tout le long de
l'escalier, depuis le haut de la maison jusqu'au rez-de-
chaussée. Cette profanation des restes mortels de nos
compatriotes avait fini par nous trouver impassibles,
et nous nous contentions de nous dire entre nous

avec amertume : Ils ne souffrent plus, ils sont morts !

Mais il est arrivé quelque chose de plus horrible encore ; car j'ai vu des vivants achevés de cette sorte, et laissant, sur les degrés ensanglantés, les preuves hideuses de la férocité des soldats russes ; j'ai vu même quelquefois des officiers russes, et entre autres celui à qui j'avais été recommandé, assister à ces brutales exécutions. Voilà ce que j'ai vu, ce que mes compagnons voyaient journellement, et pas un de nous n'avait le courage de réclamer, tant la misère abrutit les hommes !.... La même chose, nous disions-nous, nous arrivera demain ; et cette communauté de péril mettait notre conscience en repos et favorisait notre inertie.

Jusqu'ici je n'ai eu à signaler que la dureté de cœur et la cruauté des Russes qui nous accompagnaient, et de ceux même, en petit nombre, que nous rencontrions dans les villes et les villages que nous eûmes à traverser ; j'ai maintenant une tâche bien plus douce à remplir, car il me reste à parler des consolations que nous éprouvâmes à la suite de tant de misères. En arrivant dans l'intérieur, et dans ce qu'on appelle la grande Russie, nous commençâmes à remarquer moins de dureté de la part des paysans. Ceux qui s'approchaient de nos bivouacs nous témoignèrent d'abord de la compassion, et peu à peu ils nous donnèrent des marques d'intérêt. Des femmes surtout, des paysannes nous apportèrent des vêtements pour nous garantir du froid, des aliments, et même de l'eau-de-vie.

Arrivés sur les confins du gouvernement de Saratof,
dans une petite ville nommée Kirsanof, notre convoi
fut divisé en deux; une partie, avec l'escorte qui nous
avait accompagnés depuis Wilna, fut dirigée au nord
sur Nijni-Novogorod; l'autre partie, où je me trouvais,
fut destinée pour Saratof même, sur les bords du Volga.
Quand nous nous séparâmes, nous étions réduits à peu
près au tiers de ce que nous étions à notre départ, c'est-
à-dire à environ mille à douze cents hommes. Le détachement dont je faisais partie était composé de cinq
cents hommes : c'étaient les plus robustes et ceux qui
avaient le mieux supporté jusque-là les cruelles fatigues
du voyage; aussi le reste de la route s'accomplissait
sans que nous en perdissions un seul, et nous n'eûmes
plus à déplorer les lamentables scènes dont nous avions
été témoins auparavant.

La nouvelle escorte qui nous accompagnait était
composée de vieux soldats, vétérans qui avaient fait les
guerres d'Italie et de Suisse avec Souwarof. Plusieurs
d'entre eux avaient été prisonniers en France, et avaient
été renvoyés en Russie par Bonaparte devenu premier
consul, qui voulait par cette courtoisie gagner l'amitié
du czar Paul. Bonaparte avait poussé la générosité jusqu'à faire habiller à neuf tous ces prisonniers, et à leur
remettre une somme d'argent suffisante pour pourvoir
à leurs dépenses jusqu'à leur arrivée sur les frontières
de l'empire russe. Paul, touché de ce procédé, devint,
comme on le sait, l'ami et l'admirateur du premier

consul; il renonça à l'alliance anglaise pour embrasser avec ardeur la politique de la France, et prépara ainsi, sans s'en douter, la catastrophe tragique qui devait terminer sa vie.

Plusieurs de ces soldats parlaient assez bien le français, et tous avaient gardé un souvenir reconnaissant de leur séjour en France et de l'hospitalité bienveillante qu'ils y avaient reçue. Ces hommes étaient loin de s'exprimer avec la pureté de langage de l'officier qui commandait l'autre escorte; mais, ce qui valait beaucoup mieux, il y avait, sous l'écorce encore rude qui les enveloppait, un cœur accessible aux sentiments généreux, et qui savait allier les devoirs de leurs fonctions avec ceux de l'humanité.

Il se fit à cette époque un changement notable dans notre situation morale, changement que je remarquai bientôt en moi-même et dans la plupart de mes compagnons. Jusqu'à ce moment nous avions été tellement abattus, ou, pour parler plus juste, tellement abrutis par les mauvais traitements et par la certitude que nos tourments ne finiraient qu'avec notre vie, que nous étions devenus à peu près indifférents à tout. Les forces de notre âme s'étaient épuisées comme celles de notre corps; à peine avions-nous le sentiment de notre existence; le temps qui s'écoulait, les distances que nous parcourions, les pays que nous traversions, tout cela passait pour nous inaperçu, au point que nous ignorions les jours de la semaine et du mois, et la direction

que suivait notre convoi, si c'était à l'est ou à l'ouest,
au nord ou au midi. Un jour, il m'arriva d'interroger
notre officier, *mon protecteur*, sur notre destination;
il me répondit d'un ton sarcastique : « Votre destination? je l'ignore complétement; tout ce que je sais, c'est
que depuis Wilna nous suivons la route de Sibérie. »

Cette réponse, faite à très-haute voix, et de manière
à être entendue d'un grand nombre de mes compagnons, avait achevé de nous jeter dans le découragement. Les Cosaques de notre escorte ne nous frappaient
pas à coups de bâtons comme nos malheureux soldats,
mais ils nous répétaient sans cesse : Sibérie! Sibérie!
et ce mot sinistre frappait notre âme plus douloureuse-
ment que ne l'eût fait leur bâton sur notre corps.

Nous commençâmes à sortir de cette apathie quand
nous reçûmes des témoignages de bienveillance de la
part des paysans, ainsi que je l'ai dit plus haut. En voyant
des êtres humains s'intéresser à nous, nous nous sentions en quelque sorte rattachés à la vie; malheureusement nous ignorions, et nous ne l'avons même jamais
su, le nom des villages où l'on nous donna ces premières
preuves si touchantes de sympathie; nous n'avons pu
exprimer notre reconnaissance à nos bienfaiteurs incon-
nus, et il ne nous a été possible que de mêler leur souvenir aux actions de grâces que nous avons rendues à
Dieu dans cette occasion. Car, nous n'en pouvions douter, c'était Dieu lui-même qui, pour ne pas nous laisser
entraîner aux suites de l'abattement funeste dans lequel

nous étions tombés, avait touché le cœur de ces hommes grossiers, et nous avait, par leur entremise, envoyé les consolations qui nous faisaient renaître à l'espérance.

Un autre sujet de remercier Dieu nous attendait à Kirsanof; car là nous fûmes débarrassés de notre escorte de Wilna, et nous apprîmes enfin d'une manière positive le lieu de notre destination, d'où nous n'étions plus séparés que de quelques jours de marche. Ce n'était pas la Sibérie, dont le nom seul inspire l'effroi, parce qu'il signifie exil éternel, climat d'une rigueur excessive, travaux des mines, déserts de glace et de neige; c'était un des bons pays de la Russie, arrosé par un fleuve qui y répand l'abondance et la vie, et situé à la même latitude que le nord de l'Allemagne et une partie de la Pologne.

Qui ne connaît l'histoire de ce voyageur égaré dans les catacombes qui, après avoir erré pendant un jour ou deux, désespérant de trouver l'entrée, tombe épuisé de fatigue et de faim, n'attendant plus que la mort pour mettre un terme à ses tortures, quand tout à coup une lumière lointaine vient frapper ses yeux affaiblis; il soulève sa tête appesantie, ses regards se fixent avidement sur ce point lumineux; il ne peut en douter, c'est la lumière du jour, c'est la porte de salut ouverte devant lui. La vie revient aussitôt à son cœur, il rassemble ses forces, et, l'âme pleine de reconnaissance envers Dieu, il s'achemine lentement hors de la prison qui devait être son tombeau. Tels étaient les sentiments

dont mon cœur était rempli au moment de quitter Kirsanof. Sans doute je ne voyais pas encore le terme de
ma captivité, mais l'espérance faisait luire à mes yeux
son flambeau vivifiant; je ne sais quelle voix intérieure
me disait que la fin de mes souffrances approchait, et
que si je n'allais pas immédiatement recouvrer la liberté,
du moins les horreurs de la captivité allaient disparaître
pour ne plus revenir.

C'est le cœur plein de ces pensées consolantes que je
me mis en route le mercredi 10 février 1813 (car j'appris alors la date du jour où nous nous trouvions) (1); il
y avait cinquante jours que nous étions en marche, et
nous avions fait deux cent soixante lieues en traversant
les gouvernements de Minsk et de Mohilof en Lithuanie,
et ceux d'Orel et de Tambof dans la grande Russie. Il
nous restait encore environ soixante lieues pour atteindre
Saratof; mais la température était considérablement
adoucie; il faisait encore froid, mais un froid très-
supportable pour nous autres qui avions enduré les
rigueurs excessives des mois précédents.

Dès notre entrée dans le gouvernement de Saratof,
nous trouvâmes de la part des habitants des marques de
sympathie plus bienveillantes, plus touchantes encore
que celles que nous avions reçues dans la grande Russie.

(1) C'était le 29 janvier d'après les Russes, qui font encore usage de
l'ancien calendrier Julien, et n'ont pas adopté le Grégorien, usité dans
le reste de l'Europe. Il y a douze jours de différence entre ces deux
calendriers.

C'était non-seulement parmi les paysans que nous rencontrions des âmes compatissantes, mais, dans les villes
auprès desquelles nous campâmes, des seigneurs *russes*,
de grandes dames venaient nous visiter; ces dernières
surtout se montraient ingénieusement compatissantes;
elles savaient s'informer avec adresse de nos besoins les
plus pressants, et tantôt du linge, des vêtements chauds,
des chaussures, du vin, envoyés par une main incon-
nue, arrivaient à l'adresse de l'un d'entre nous. C'était
aux vétérans de notre escorte qu'elles demandaient ces
renseignements, et ces braves gens se faisaient un
plaisir de seconder la charité de nos aimables bienfai-
trices.

A Serdobsk, un grand nombre d'entre nous souffraient encore de la fièvre; depuis longtemps j'avais
cherché à me procurer du quinquina et d'autres médicaments pour soulager nos pauvres malades. Jusqu'ici
il m'avait été de toute impossibilité d'y parvenir. A
peine étions-nous campés aux portes de cette ville, que
tout à coup une pharmacie complète me fut apportée.
Peu d'instants après, le gouverneur de la ville, accompagné de sa femme et de quelques autres personnes,
vint nous visiter. Sachant que j'étais médecin, il s'in-
forma auprès de moi de l'état de nos malades; me dou-
tant bien que c'était à lui que nous devions le précieux
envoi de médicaments que je venais de recevoir, je lui
en fis mes remerciements avec effusion. « Non, non,
me répondit-il en souriant, ce n'est pas à moi que vous

devez ce cadeau, car, je vous l'avouerai franchement,
je n'y aurais pas pensé; c'est à ces dames, ajouta-t-il
en me montrant sa femme et deux personnes qui l'accompagnaient, que vous êtes redevables de ces drogues.
Pour moi, je n'ai pensé qu'à ceux qui se portent bien,
et qui ont besoin de quelque chose de plus confortable
que des juleps et du quinquina. » Et en disant ces mots,
il me fit voir deux de ses domestiques chargés d'énormes
corbeilles remplies de comestibles et de bouteilles de vin
blanc de Sarepta, vignoble situé dans la partie méridionale du gouvernement de Saratof, et que les Russes
comparent au vin de Champagne. Ces provisions étaient
destinées pour les officiers; nos soldats reçurent aussi
une distribution de vivres extraordinaire. Tous ensemble,
mes camarades et moi, nous adressâmes de sincères
remerciements au gouverneur et à ces dames, et ils
pouvaient voir dans nos regards et dans l'expression de
notre physionomie que notre bouche n'était que la faible
interprète de notre cœur.

Nous devions séjourner quelque temps à Serdobsk.
Deux heures après la visite du gouverneur, on vint nous
annoncer que tous les malades seraient logés en ville,
dans un local qui allait être approprié pour cet objet;
en même temps j'étais invité à venir moi-même présider
à l'organisation de cet hôpital improvisé. Je me hâtai de
me rendre à l'endroit indiqué. C'était une chapelle, ou
temple protestant, qui servait à une communauté de
colons allemands établis à Serdobsk depuis le règne de

Catherine II (1). Les colons, en apprenant l'arrivée des prisonniers français et leur situation, s'étaient empressés de mettre leur chapelle à la disposition du gouverneur pour l'usage dont nous avons parlé. Quand j'entrai dans ce nouvel hospice, je trouvai une foule de personnes apportant des matelas, des couvertures, des draps, et tous les objets mobiliers nécessaires à un établissement de cette nature. Le plus grand nombre parlaient allemand, et, comme je parle aussi cette langue, je pouvais facilement m'entretenir avec ces braves gens. Quant à ceux qui ne parlaient que le russe, nos Allemands me servaient d'interprètes. Grâce à la bonne volonté de tous, nous eûmes de bonne heure une cinquantaine de lits propres à recevoir les plus malades, et de quoi loger à l'abri et chaudement cent cinquante autres qui se contenteraient de coucher sur des tapis ou des couvertures, à la manière des Russes. Le reste de nos soldats fut reçu chez les habitants, et nous autres officiers, nous fûmes logés dans les meilleures maisons de la ville. Cette nuit, pour la première fois, personne ne coucha au bivouac, et ceux d'entre nous qui eurent comme moi la chance d'être logés chez des colons allemands, eurent de plus le bonheur de coucher dans des lits. Car les Russes, comme les peuples de l'Asie, ignorent

(1) Il y a dans le gouvernement de Saratof de nombreuses colonies allemandes, établies la plupart le long du Volga ; quelques-unes seulement se sont fixées sur le Khoper, l'un des affluents du Don, aux environs de Serdobsk.

l'usage des lits; les riches couchent sur des divans, les pauvres sur de simples bancs de bois dont leurs cabanes sont entourées; en hiver, sur leur poële; en été, souvent sur la terre nue, et seulement enveloppés de leurs peaux de moutons.

Nous restâmes quatre jours à Serdobsk, où nous fûmes traités comme des compatriotes et des amis plutôt que comme des prisonniers. Comme nos malades n'étaient pas encore bien rétablis, le gouverneur prit sur lui de les garder jusqu'à parfaite guérison. Cet arrangement nous fit à tous le plus grand plaisir : aux malades, parce qu'ils étaient enchantés des soins qu'ils recevaient, et des attentions qu'on avait pour eux; et à ceux qui étaient valides, parce que désormais nous ne serions plus contraints de bivouaquer aux étapes, et que nous pourrions être logés sans difficulté chez les habitants, qui n'auraient plus à craindre de nous la contagion.

C'est en effet ce qui arriva. A partir de ce moment, nous fûmes reçus dans l'intérieur des villes et des villages que nous traversâmes; on ne nous fit pas toujours, il est vrai, un accueil aussi sympathique qu'à Serdobsk; mais nulle part, du moins, comme au commencement de notre voyage, on ne se montra inhumain envers nous. A Petrovsk même et à Atkarsk, l'accueil que l'on nous fit ne fut guère différent de celui de Serdobsk.

Pendant notre séjour à Atkarsk, ville qui n'est plus éloignée que d'une vingtaine de lieues de Saratof, notre

détachement fut tout à fait disloqué. Les officiers seuls,
au nombre de cinquante, devaient se rendre à Saratof.
Quant aux soldats, qui formaient un effectif de quatre
cents hommes environ, on les fractionna par détachements de cent hommes, destinés à être cantonnés dans
différentes petites villes des bords du Volga, à Volgsk,
à Kamychine, à Tsaritzine et à Sarepta. Seulement nous
obtînmes la permission d'emmener avec nous quelques-
uns de nos soldats qui avaient demandé à nous suivre
en qualité de domestiques.

Dès le lendemain, les divers détachements de soldats
se mirent en route. Nous allâmes leur faire nos adieux,
et plus d'une larme coula de nos yeux et de ceux de nos
braves compagnons quand il fallut se séparer. A Kirsanof, déjà une partie de notre troupe nous avait quit-
tés; cette séparation nous avait à peine impressionnés,
par suite de l'apathie, de l'indifférence à laquelle nous
étions alors en proie; mais aujourd'hui où l'espoir
nous était revenu, où l'avenir nous souriait un peu,
ce n'était qu'à regret que nous voyions s'éloigner ceux
qui avaient partagé nos souffrances.

Le lendemain, de bonne heure, nous nous mîmes
en route, non plus à pied, mais dans des traîneaux
qui nous emportèrent en quelques heures jusqu'à
Saratof.

CHAPITRE VI

La ville de Saratof et son gouvernement. — Notre installation dans une
ancienne caserne. — L'aide de camp du gouverneur. — Formalité
pour constater notre qualité d'officiers. — Nous sommes prisonniers
sur parole. — Premier dîner dans notre logement. — La vie à bon
marché. — Je suis appelé comme médecin pour soigner le fils du
gouverneur. — Mon entrevue avec le gouverneur. — Les médecins
en Russie. — Madame la comtesse K....; remarque à l'occasion
de sa toilette. — Ma visite au malade. — Le docteur Müller. — La
consultation. — Ma conversation avec madame K.... — Guérison du
malade.

La ville de Saratof est loin de répondre à l'importance
du gouvernement dont elle est le chef-lieu, et à sa position sur les bords d'une rivière navigable, la principale
artère du commerce de la Russie. En effet, malgré tous
ces avantages, et quoiqu'elle soit le dépôt du sel du lac
Ielton, elle ne compte guère que sept mille habitants.

Le gouvernement de Saratof est un des plus étendus
de la Russie; il comprend cent trente lieues du nord au
sud et cent vingt de l'est à l'ouest. Le Volga, qui le tra-
verse dans toute sa longueur, le partage en deux contrées
tout à fait distinctes. La partie à droite du fleuve ressemble au reste de la Russie centrale; elle est assez fer-

7

tile et produit des céréales et du tabac; la vigne même
y croît dans la partie la plus méridionale. C'est dans
cette partie, et sur les bords du Volga, qu'ont été établies les colonies allemandes dont j'ai parlé, et dont
la population s'élève aujourd'hui à cent vingt mille
individus; par eux, la face de ce pays, jadis désert,
a été complétement changée. Quant à la partie qui
s'étend à l'est et sur la rive gauche du Volga, c'est un
steppe immense qui joint les steppes du gouvernement
d'Astrakan et ceux des bords de la mer Caspienne,
vaste plaine où l'œil ne rencontre que quelques arbris-
seaux rabougris, et qui ne produit autre chose que
du sel fourni par les eaux du lac Ielton, la seule
richesse de cette contrée désolée. La quantité de sel
extraite de ce lac est très-considérable, et fournit à
elle seule un des principaux chargements des bateaux
qui naviguent sur le Volga.

Une ancienne caserne fut mise à notre disposition à
notre arrivée à Saratof; mais rien n'y avait été préparé
pour nous recevoir; on n'avait pas même allumé de feu
dans les poêles. Il est vrai qu'une provision de bois
assez copieuse était entassée au milieu de la cour, et
nous eûmes bientôt du feu en quantité suffisante pour
chauffer toutes les chambres que nous devions occuper.
Personne, comme dans les dernières étapes que nous
avions traversées, ne paraissait s'inquiéter de nous.
Quand nos traîneaux étaient entrés dans la ville, quelques habitants les avaient regardés passer, mais avec

assez d'indifférence, et sans aucune de ces démonstrations de sympathie qu'on nous avait témoignées ailleurs. D'où venait cette dissemblance? D'abord, c'est que dans les autres villes nous arrivions à pied, marchant péniblement, et portant sur nos traits et dans notre démarche les traces de la souffrance ; ici, au contraire, nous faisions presque une entrée de grands seigneurs, et nous avions laissé à Serdobsk et à Askarsk les traces de nos misères passées. Puis, à Saratof, tout le monde est commerçant ; les affaires occupent toutes les têtes, et souvent l'esprit de spéculation et d'entreprise étouffe les qualités du cœur, et ne leur laisse pas le temps de se développer. Au contraire, dans les autres parties de ce gouvernement que nous avions parcourues jusque-là, la population est toute agricole, ou appartient à la noblesse et à l'espèce de bourgeoisie que l'on rencontre en Russie, et j'ai remarqué dans ces diverses classes plus de dispositions à compatir à l'infortune de leurs semblables que dans la classe spécialement adonnée au commerce. Il est bien entendu que ces réflexions ne s'appliquent qu'à la Russie, et encore se sont-elles modifiées dans une foule de circonstances, comme on le verra dans la suite.

Quoi qu'il en soit, nous étions fort en peine de savoir comment nous nous installerions dans notre nouveau logement, comment nous pourvoirions à notre nourriture et à tout ce qui nous était nécessaire, lorsque nous vîmes entrer un aide de camp du gouverneur, accompagné d'un secrétaire et de quelques soldats, qui lui

servaient d'escorte. Il nous réunit tous dans une salle,
et procéda à une espèce d'enquête sur nos noms, pré-
noms, âge, grades, qualités; l'indication des corps
dans lesquels nous avions servi, nos années de service, etc. etc. Après la réponse faite par chacun de
nous, il demandait à voir les papiers dont nous pouvions être porteurs pour servir en quelque sorte de
contrôle à nos déclarations, et en assurer l'exactitude.
Le plus grand nombre d'entre nous se trouvèrent porteurs soit de leurs brevets, soit de pièces authentiques,
soit de lettres suffisantes pour constater leur grade et
la réalité de leurs assertions. D'autres, en très-petit
nombre, avaient été dépouillés entièrement quand ils
avaient été faits prisonniers, ou avaient perdu, par
toute autre cause, les papiers nécessaires pour établir
leur identité. Dans ce cas, ceux des officiers qui étaient
en règle et qui les connaissaient, attestaient par serment
la véracité de leurs dires; un procès - verbal de cette
déclaration était dressé par le secrétaire, et cette pièce
devait leur servir provisoirement jusqu'à ce qu'ils eussent
pu se procurer d'autres pièces plus régulières. J'ajouterai que l'aide de camp avait cru devoir nous prévenir
que toute fausse déclaration ou toute fausse attestation
entraînerait pour ceux qui s'en seraient rendus coupables, d'abord la privation de leurs traitements d'officiers, et peut-être l'exil en Sibérie. Nous lui répondîmes
que cette menace était inutile, et que des officiers français avaient trop d'honneur pour vouloir usurper par

le mensonge un titre qu'ils n'avaient pas réellement, ou attester par serment une chose contraire à la vérité. Il s'éleva seulement quelques difficultés à l'égard d'un seul d'entre nous; c'était un jeune sergent-major qui avait été nommé sous-lieutenant à la suite de la bataille de la Moskova. Ce fait était connu et attesté par deux officiers du régiment auquel il avait appartenu; mais comme il n'avait pas encore reçu son brevet, l'aide de camp déclara qu'il ne pourrait être compté parmi les officiers ni en toucher la solde.

Ces formalités terminées, l'aide de camp nous déclara que, d'après les ordres de S. M. l'empereur Alexandre, nous recevrions par jour une solde fixée selon nos grades; que nous allions toucher immédiatement un mois et demi échu, et que dorénavant le premier de chaque mois nous serions payés par le trésorier du gouvernement. Au moyen de cette indemnité, il ajouta que nous serions tenus de pourvoir à notre nourriture, et à tous les frais d'installation dans notre logement, qui nous était fourni gratis; que, du reste, ceux d'entre nous qui voudraient se loger en ville étaient libres de le faire à leurs frais; puis il termina sa harangue par ces paroles, qui nous causèrent une vive satisfaction : « En-fin, Messieurs, vous êtes, d'après les intentions de Sa Gracieuse Majesté, prisonniers sur parole; vous n'aurez donc désormais ni gardes, ni surveillants; vous pourrez circuler librement non-seulement dans la ville, mais dans un rayon de plusieurs lieues alentour, de manière

cependant à ne pas découcher. Vous pourrez même,
dans quelque temps, faire de plus longs voyages, mais
avec la permission du gouverneur, et dans l'intérieur
seulement des limites de son gouvernement. Sa Majesté
est persuadée que vous n'abuserez pas de la liberté qui
vous est accordée; d'ailleurs, n'oubliez pas que la rupture de votre ban entraînerait pour vous l'exil en
Sibérie. »

C'était pour la seconde fois que ce terrible mot de
Sibérie revenait dans la bouche de l'aide de camp; il
ôtait peut-être un peu du prix attaché à la faveur que
nous accordait *Sa Gracieuse Majesté;* mais en somme,
nous n'avions pas lieu de nous plaindre, et nous témoi-
gnâmes à haute voix de notre reconnaissance pour les
bienfaits de l'empereur.

Le secrétaire fit ensuite l'appel de chacun de nous,
et nous compta la somme qui nous revenait, ou du
moins qu'on disait nous revenir; car nous apprîmes
plus tard qu'il nous en était dû au moins le double;
mais personne ne songea à réclamer.

Nous renouvelâmes nos remerciements à l'aide de
camp au moment où il allait nous quitter, et le colonel ***, qui avait le grade le plus élevé parmi les prisonniers, prit la parole en notre nom; il chargea l'aide de
camp de présenter nos hommages et nos remerciements
à Son Excellence le gouverneur, en lui témoignant le
désir de les lui offrir nous-mêmes. L'officier répondit
qu'il ferait part de notre intention à Son Excellence; et

qu'il ne doutait pas que le gouverneur ne voulût bien nous accorder une audience.

Après le départ de ces personnages, nous nous félicitâmes mutuellement du changement qui venait de s'opérer dans notre sort, et nous songeâmes aussitôt à nous procurer tout ce qui nous était nécessaire pour nous installer convenablement. Un des sergents des vétérans qui nous avaient escortés jusqu'à Saratof, nous fut d'un très grand secours dans ces premiers moments; grâce à lui, nous pûmes nous procurer, et à des prix assez modérés, tous les objets mobiliers les plus indispensables; il mit même à notre disposition plusieurs de ses soldats, qui, moyennant quelques copeks, aidèrent nos domestiques à transporter nos meubles, à préparer nos chambres, à acheter les comestibles et toutes les fournitures indispensables pour la cuisine. Parmi les prisonniers restés à notre service se trouvaient deux ou trois cuisiniers assez habiles, et dès le premier jour nous fîmes un dîner à la française, qui eût paru probablement détestable à un gourmet, mais qui, assaisonné par le bon appétit et la gaieté, nous parut délicieux.

Au bout de quelques jours, nous étions assez confortablement logés, et notre table était mieux servie que celles de la plupart des pensions de garnison en France. Le Volga nous fournissait d'excellents poissons, entre autres des sterlets et des esturgeons magnifiques; le gibier était aussi très-abondant, et tout cela ne coûtait que fort peu de chose. Notre solde suffisait bien au delà

pour ces premiers besoins; mais elle était absorbée par
la nécessité de renouveler nos vêtements et notre linge,
qui étaient dans un état déplorable, les objets les plus
vulgaires et les plus indispensables pour la toilette coû-
tant à Saratof des prix fabuleux.

Trois ou quatre jours après notre installation, je
reçus du gouverneur une invitation de me rendre à son
hôtel. Cette invitation était apportée par le même aide
de camp qui nous avait visités le premier jour. Il me
la remit en présence de mes camarades, en disant :

« C'est à M. le docteur qu'elle s'adresse, car c'est
une visite de médecin que réclame Son Excellence.

— Comment! m'écriai-je, M. le gouverneur est donc
malade?

— Ce n'est pas lui, répondit-il, c'est son fils, jeune
homme charmant qu'il aime beaucoup, et qui, depuis
quelques jours, est atteint d'une maladie qui présente
des caractères assez alarmants. C'est à cette circonstance, Messieurs, ajouta-t-il, qu'a tenu le retard que
Son Excellence a mis à vous recevoir. »

Je me hâtai de suivre mon guide, et bientôt nous
arrivâmes à l'hôtel du gouvernement. Son Excellence
m'attendait dans un salon meublé à la mode de Paris,
et je me crus tout à coup transporté dans le faubourg
Saint-Honoré ou à la Chaussée-d'Antin. Le gouverneur
me fit asseoir et m'entretint longtemps de la maladie
de son fils, m'en décrivant minutieusement tous les
symptômes et les phases diverses. L'enfant avait été

visité par le seul médecin qu'il y eût à Saratof; c'était un docteur allemand, fort en vogue jusqu'ici, me dit le gouverneur; mais ses prescriptions, ses ordonnances n'avaient produit aucun effet sur l'enfant, et le mal ne faisait qu'empirer depuis quelques jours. « J'étais sur le point, ajouta-t-il, d'envoyer chercher le médecin de Volgsk, qui jouit d'une grande réputation, quand tout à coup je me suis rappelé d'avoir lu sur la liste des prisonniers français arrivés à Saratof le nom d'un docteur en médecine des universités de Paris et de Montpellier. Ma femme, à qui j'ai fait part de ma découverte, s'est écriée : « C'est le ciel qui nous l'envoie; hâtez-vous de « l'appeler; c'est lui qui rendra la santé à mon fils. »

— Je crains, repris-je, que madame la gouvernante n'ait trop bonne opinion de moi; je ferai du moins tout ce qui me sera possible dans cette circonstance; puis je dirai, comme un de mes illustres compatriotes, Ambroise Paré : « Je donne le remède, et Dieu la guérison. »

Je demandai ensuite à être introduit auprès du jeune malade; le gouverneur me répondit qu'il avait fait prévenir sa femme de mon arrivée, et que, comme elle désirait être présente à la visite que je ferais à son fils, il fallait attendre encore quelques instants qu'elle fût prête à m'accompagner.

Je profitai de ce retard pour demander au général K..... (c'était le titre et le nom du gouverneur) comment il se faisait que dans une ville aussi importante

que Saratof, il n'y eût qu'un seul médecin, et encore
que ce médecin fût un étranger. « Je me suis mal expliqué, reprit-il en souriant, quand je vous ai dit qu'il
n'y avait ici qu'un seul médecin. Cet état est trop lucra-
tif en Russie, et y jouit de trop de considération, pour ne
pas être recherché par un grand nombre de personnes.
Mais il en est de cette profession comme de toutes les
professions libérales; par un préjugé que vous trouverez
peu patriotique de notre part, nous préférons les médecins étrangers à ceux de notre pays; aussi des nuées
de docteurs, de chirurgiens, de pharmaciens allemands,
anglais et français, sont venus de tout temps fondre sur
ce vaste empire, et l'ont exploité jusque dans ses moindres
localités. Les médecins allemands ont depuis longtemps
obtenu le plus de succès et une vogue presque exclu-
sive. Depuis quelques années seulement, les médecins
français ont lutté avantageusement avec eux, et l'ont
même emporté; mais comme ils étaient peu nombreux,
ils ne se tenaient guère que dans les deux capitales,
à Pétersbourg et à Moscou. Depuis la guerre le nombre
en a beaucoup diminué, et vous êtes probablement le
premier qui ayez pénétré dans cette contrée lointaine;
encore a-t-il fallu que vous y fussiez amené par les
hasards de la guerre. Ici, nous avons une dizaine de
médecins ou chirurgiens, et quatre ou cinq pharmaciens. Tous sont allemands; mais, à l'exception d'un
seul qui jouit d'une considération méritée, les autres
ne sont que des charlatans, ou d'anciens mauvais sous-

chirurgiens de régiment, ou des échappés encore novices des écoles de chirurgie d'Allemagne, et quelquefois même des boutiques de barbier. Tous ces individus ont une clientèle nombreuse parmi les moujiks, les boutiquiers, les mariniers de Saratof et des environs, quelquefois même parmi des boyards de campagne ; aucun de ces individus n'est reçu par les nobles et les personnes qui tiennent un certain rang dans la société, sauf le docteur Müller, le seul qui fasse exception dans cette troupe de prétendus guérisseurs. Voilà pourquoi je vous ai dit qu'il n'y avait qu'un seul médecin à Saratof ; car tous les autres sont pour moi comme s'ils n'existaient pas, et jamais je n'en ferai appeler un seul, ni pour moi, ni pour aucun membre de ma famille. »

J'allais répondre au général que ses préventions étaient peut-être exagérées, que dans certains cas les lumières d'un bon praticien n'étaient pas à dédaigner ; mais l'arrivée de Mme K..... suspendit notre conversation. Je remarquai qu'elle avait fait une toilette brillante, et comme pour une réception d'apparat. C'étaient les apprêts de cette toilette qui avaient retardé ma visite au malade. J'avoue que cela me donna tout d'abord une mauvaise idée du cœur de cette femme, qui avait pu sacrifier à une mesquine satisfaction d'amour-propre féminin un temps peut-être précieux pour la santé de son fils. La plus belle parure d'une mère auprès du lit de son enfant malade est la pâleur de son visage, l'inquiétude de son regard, la tendre sollicitude répandue

sur toute sa personne ; du reste, tous ces signes de
l'amour maternel se manifestaient au plus haut degré
chez Mme K....., et bientôt je reconnus que je l'avais
mal jugée. Elle avait passé plusieurs nuits auprès de
son fils, sans vouloir se coucher ni prendre un instant
de repos. Au moment où j'arrivai à l'hôtel du gouvernement, elle allait accourir à ma rencontre, quand une
de ses femmes lui fit remarquer le désordre de sa toilette,
dont elle ne s'était pas occupée depuis plusieurs jours.
Alors par un mouvement, je ne dirai pas de coquetterie,
mais de convenance bien naturelle et que tout le monde
comprendra, elle ne voulut pas se montrer devant un
étranger qu'elle voyait pour la première fois, devant
un Français surtout, dans un costume *à faire peur*,
ainsi qu'elle me le dit elle-même plus tard. Elle consentit
donc à faire *un peu* de toilette ; mais une fois entre les
mains de ses femmes de chambre, celles-ci lui firent
subir, pour ainsi dire malgré elle, non pas un peu, mais
beaucoup de toilette, dont l'exagération m'avait choqué.

J'ai cru devoir relater ces détails, parce que, dans
l'étude que j'ai faite des Russes pendant mon séjour
parmi eux, je tiens à montrer que je les ai jugés sans
prévention, sans idée préconçue, et que je serai toujours prêt à rectifier une appréciation erronée, quand
elle me sera échappée à mon insu.

Le père et la mère m'accompagnèrent dans la chambre
du malade. C'était un jeune homme de treize à quatorze
ans ; après l'avoir examiné quelques instants, je n'eus

pas de peine à me convaincre de ce que j'avais déjà soup-
çonné, qu'il était atteint d'une fièvre typhoïde. Il était
alors au septième jour de la maladie; mais quoique la
marche en eût été assez régulière jusque-là, il pouvait à
chaque instant survenir des complications qui en chan-
geraient la nature. Je me hâtai d'indiquer les prescriptions que je crus nécessaires pour prévenir ces complications, et maintenir la maladie dans son cours régulier;
mais en même temps je témoignai le désir d'être mis en
rapport avec le docteur Müller, qui avait donné ses
premiers soins au malade. On l'envoya chercher aussitôt,
et bientôt nous fûmes mis en présence l'un de l'autre.

Le docteur Müller était un homme d'une soixantaine
d'années, portant une de ces bonnes et placides figures
si communes dans toute l'Allemagne. Il était vêtu à la
mode du siècle dernier : habit noir à la française avec
larges boutons, culotte et bas de soie noire, souliers
à boucles, et, par-dessus sa perruque poudrée à blanc,
le chapeau à trois cornes; enfin, la canne à bec de cor-
bin, sur laquelle, lorsqu'il était assis, il appuyait son
menton comme pour réfléchir ou pour écouter plus à
son aise ses interlocuteurs. Malgré son flegme germanique, je n'eus pas de peine à m'apercevoir que ma
présence le contrariait, et que sous son air bonasse il
cachait une assez forte dose de jalousie. Il ne parlait pas
français, et, quoique je connusse assez bien l'allemand
pour pouvoir tenir conversation dans cette langue, il
ne voulut pas se servir de son idiome maternel, préfé-

rant que l'entretien eût lieu en latin, ce qui, selon lui, était plus conforme aux *us* de la science, et la seule langue usitée dans les consultations, même faites entre médecins allemands. J'acquiesçai à son désir, non sans avoir une réminiscence de quelques scènes de Molière, ce qui me fit venir une assez forte envie de rire, aussitôt comprimée.

Je ferai grâce à mes lecteurs de cette conversation, qui dura au moins une heure ; car mon interlocuteur était infatigable, et il semblait prendre un véritable plaisir à s'entendre parler la langue de Cicéron, que Cicéron aurait eu probablement beaucoup de peine à comprendre. Enfin, après avoir cité tous les princes de la science, depuis Hippocrate et Galien jusqu'aux noms presque ignorés de certains docteurs des universités d'Allemagne ; après avoir fait une consommation effrayante d'*atqui*, d'*ergo*, de *verum enim vero*, il me demanda pour conclusion à voir l'ordonnance que j'avais formulée avant son arrivée. Il ne trouva rien à redire à mes prescriptions ; mais il fut scandalisé de mon laconisme, car j'avais rédigé mon ordonnance en quatre ou cinq lignes au plus. Il me demanda la permission, tout en acquiesçant à ce que j'avais prescrit, de développer et de compléter ma pensée. J'y consentis volontiers, et il se mit aussitôt à griffonner trois pages de mots latins, hérissés de signes et de figures chimiques, ce qui faisait ressembler son écriture à des caractères arabes ou hiéroglyphiques.

Cette fameuse consultation terminée, le docteur Müller se retira, à la grande satisfaction de Mme K....., qui attendait avec impatience, auprès de son cher malade, la fin de notre entretien. « Eh bien! » me dit-elle, en entrant avec empressement dans la chambre où nous nous étions retirés seuls pour causer plus librement, « quel est le résultat de votre conversation? » Je le lui dis en peu de mots; mais quand je lui eus montré l'ordonnance ou plutôt le commentaire du docteur Müller : « Je ne veux pas voir ce grimoire, s'écria-t-elle; j'ai confiance en vous, et je ne veux pas entendre parler des prescriptions du docteur Müller, qui, j'en suis persuadée, n'ont fait jusqu'ici que du mal à mon enfant. Mais c'est l'usage en Russie, et jamais un médecin ne va chez son malade sans lui laisser un formulaire interminable de mots latins et de caractères baroques. Il est vrai que sans cette précaution, beaucoup de gens ne lui tiendraient pas compte de sa visite, dont ils n'estiment la valeur qu'à la longueur de l'ordonnance. Aussi la crainte de ne pas recevoir la rétribution d'usage a fait prendre aux médecins l'habitude de surcharger l'estomac de leurs malades de drogues inutiles et souvent dangereuses. Pour moi, je ne trouve rien de si absurde, et je l'ai dit souvent au docteur Müller; mais chez lui l'habitude est invétérée, et d'ailleurs il se gardera bien de la changer, car c'est à ce fatras qu'il doit toute sa réputation. »

Je voulus, pour l'honneur du corps, défendre mon

confrère; je dis à Mme K..... qu'il m'avait paru fort
instruit.

« Oui, interrompit-elle, dans les livres, c'est possible, mais dans la nature, dans la pratique, je ne le
croirai pas. Je n'ai pas plus de confiance en lui que
dans tous ses autres confrères du pays, et si je l'ai
appelé, c'est parce que je n'ai pu faire autrement, et
qu'il est le seul médecin admis dans la société.

— Mais, Madame, vous ne me connaissez pas, et je
ne vois pas pourquoi vous auriez plus de confiance en
moi que dans le docteur Müller.

— Je ne vous connais pas personnellement, cela est
vrai; mais j'ai tant entendu dire de bien des médecins
français, que j'ai toujours désiré avoir les soins de l'un
d'eux pour moi ou les miens en cas de maladie grave,
et j'ai regardé comme un bienfait de la Providence votre
arrivée dans cette ville.

— Je tâcherai, Madame, de répondre à la confiance
dont vous m'honorez; mais c'est une grande responsabilité que vous faites peser sur moi.

— Quoi! s'écria-t-elle bouleversée, mon fils serait-il
en danger? Parlez-moi franchement, parlez, je vous
en supplie; je suis assez forte pour entendre toute la
vérité.

— Ne vous alarmez pas si facilement, Madame, et
surtout ne donnez pas à mes paroles une interprétation
qui est loin de ma pensée. En disant que de me charger
des soins à donner à votre fils pendant sa maladie,

c'était assumer une grande responsabilité, je n'ai nullement entendu par là qu'il fût sérieusement en danger ;
j'ajouterai même que sa situation n'a rien d'alarmant,
et que, grâce à son âge, à son tempérament, aux soins
qui lui seront donnés, s'il ne survient pas de complication imprévue, on peut répondre de sa guérison ; mais
dans tout cela le médecin n'est qu'un auxiliaire de la
nature ; il indique les remèdes que la science et l'expérience lui ont enseignés, et Dieu fait le reste. Malheureusement le médecin le plus habile peut commettre des
erreurs, sa science peut se trouver en défaut, et c'est
là ce que j'entends par cette responsabilité qui pèse
sur sa tête quand on lui confie, comme vous le faites
avec tant d'abandon, la santé d'un être chéri.

— Cette défiance de vous-même, reprit vivement la
comtesse, m'est une garantie de votre prudence, et elle
me confirme dans l'opinion que je me suis formée sur
votre compte. Maintenant convenons de nos faits. Voulez-vous, pour être plus à portée de votre malade,
accepter un logement dans notre hôtel ?

— Je vous remercie, Madame ; je tiens autant que
possible à ne pas me séparer pour le moment de mes
compagnons de captivité ; mais comme je n'ai aucune
occupation qui me prenne tout mon temps, je passerai
une partie de la journée auprès de votre fils ; j'y passerai
même une nuit ou deux si cela devient nécessaire, et
pendant mes courtes absences, si quelque circonstance
imprévue réclamait ma présence immédiate, vous sau-

8

riez toujours où me trouver; étant prévenu, je m'empresserais d'accourir. »

Cet arrangement n'était pas tout à fait du goût de la comtesse; elle voulut insister pour me faire accepter sa proposition; je tins bon de mon côté, parce que je voulais conserver mon indépendance, et il me semblait qu'en acceptant le logement et le couvert chez le gouverneur, c'était en quelque sorte contracter un engagement de domesticité qui me répugnait. Elle céda, et j'entrai aussitôt en fonction.

Après quelques jours de soins assidus, un mieux sensible se fit sentir dans l'état du malade. Aucune complication n'étant survenue, quatorze ou quinze jours après le traitement que j'avais indiqué et à l'exécution duquel j'avais soigneusement veillé, le malade entra en convalescence. Mes soins le suivirent encore dans cette dernière période, presque aussi dangereuse que la maladie même; et enfin au bout d'un mois il était complétement guéri.

CHAPITRE VII

Fête donnée par M. et Mme K.... à l'occasion de la guérison de leur fils. — Aspect des salons de l'hôtel. — Portraits de divers originaux. — Le *zakuska*. — Le *caviar*. — Un diner russe. — M. K.... me fait faire la connaissance de M. de Marcilly. — Son portrait. — Son histoire. — Commencement de notre liaison. — Le concert. — Les proverbes. — Les Russes naturellement comédiens. — Le thé. — Le bal. — Fureur des Russes pour le jeu.

Le comte et la comtesse K..... voulurent célébrer la guérison de leur fils par une fête magnifique, à laquelle furent invités les principaux employés du gouvernement résidant à Saratof, et toute la noblesse de la ville et des environs à plus de quinze ou vingt lieues à la ronde. On pense bien que je ne fus pas oublié dans cette fête; mais ce qui me fit le plus de plaisir, c'est que tous les officiers français furent aussi gracieusement priés à cette réunion.

Il y avait cet hiver-là dans le gouvernement de Saratof un nombre bien plus considérable de nobles qu'à l'ordinaire. C'était une suite de la guerre et de la destruction de Moscou, qui avait forcé les nobles à venir chercher

un asile dans les parties de l'empire les moins exposées
au passage des armées belligérantes. J'avais déjà fait
connaissance avec plusieurs d'entre eux que j'avais vus
chez le gouverneur pendant la maladie de son fils; mais
j'étais bien aise de l'occasion qui allait me mettre en
rapport avec un plus grand nombre, et me donner
l'occasion d'étudier la société russe sur un échantillon
d'une certaine étendue.

Le jour de la fête, l'assemblée fut des plus brillantes.
En voyant toutes les dames rangées autour d'une salle
immense, on se serait cru au milieu d'un des plus élé-
gants salons de Paris. Toutes portaient des toilettes à
la dernière mode de France, et dans la conversation, ou
plutôt dans le bourdonnement qui régnait entre elles, on
n'entendait parler que le français, avec une douceur et
une pureté d'accent qui rappelaient la meilleure société
parisienne. Quant aux hommes, qui formaient différents
groupes au milieu du salon, je fus frappé de la différence qui régnait dans leur physionomie et dans leur
intérieur, et je crus de prime abord qu'ils apparte-
naient à des conditions et à des pays différents. « Il me
semble, dis-je en m'adressant au colonel de M.....,
homme d'esprit et bon observateur, que j'avais vu
presque chaque jour chez le gouverneur, où l'appelaient
son service et son affection pour le comte K...., il me
semble que je suis transporté au milieu d'une galerie
de tableaux où figurent des personnages de diverses
nations avec les costumes et les allures qui leur sont

propres. Je vous serai obligé de me faire les honneurs de cette exposition, en ma qualité d'étranger.

— J'accepte avec plaisir, me répondit le colonel, l'office de *cicérone*, que vous voulez me donner, et je vais en remplir consciencieusement les fonctions, en vous traçant une esquisse rapide des principaux personnages que vous avez sous les yeux. Le hasard vous a bien servi, et il y a ici passablement d'originaux et de caricatures.

« Comme vous voyez, mes compatriotes n'ont pas généralement de physionomie uniforme. Ce défaut tient à la différence de nos éducations, de nos habitudes, au mélange subit des nations diverses qui composent l'empire, mais plus encore aux efforts de Pierre Ier pour nous arracher notre première enveloppe et nous métamorphoser en étrangers. Pour la plupart, nous sommes tout ce que le hasard veut; mais nous ne sommes plus Russes (1). Nous ne ressemblons pas mal à ces pièces de monnaie récentes dont l'empreinte a été promptement usée par un frottement continuel. Celui-ci a tout le phlegme germanique; il parle rarement ou par mo-

(1) Cette observation était parfaitement juste à cette époque. Depuis Pierre Ier jusqu'à Alexandre Ier inclusivement, les monarques russes avaient exécuté scrupuleusement cette clause du testament du véritable fondateur de la puissance moscovite : « Ne rien négliger pour « donner à la nation russe les formes et les usages européens. » Ils disaient à leurs sujets : « Abjurez vos coutumes, vos mœurs, pour adopter les mœurs et les coutumes étrangères. » Mais le successeur d'Alexandre, Nicolas, a abandonné sous ce rapport les errements de ses prédéces-

nosyllabes, aime les Allemands avec prédilection, et
se trouve heureux quand il peut avec eux causer,
fumer la pipe et boire la bière. Celui-là (et c'est lui
qui a le plus d'imitateurs) a toute l'élégance de formes,
l'aisance, la grâce et la légèreté d'un Français. Coûte
que coûte, il ne manquera jamais l'occasion de dire un
bon mot, de faire un calembour et d'adresser un compliment aux dames. Il parle modes, politique, arts,
sciences, et trouve encore dans le même quart d'heure
le temps de s'amuser aux dépens de toute une société.

« Le jeune homme qui vient de passer devant nous
a la rage de l'anglomanie. Il n'y a que Londres, selon
lui, où l'on trouve du sens commun, du savoir, de la
beauté, du goût, enfin tout ce qui peut constituer la
perfection. Jamais il n'achète un bijou, un meuble, une
étoffe, si on ne l'assure qu'ils viennent d'Angleterre. Il
veut sans cesse parler la langue anglaise, qu'il estropie,
et se fâche quand on ne le comprend pas. Le plus grand
plaisir qu'on puisse lui faire, c'est de lui dire qu'il ressemble à un Anglais.

« Ce monsieur qui entre dans ce moment a une manie

---

seurs ; il a voulu donner aux mœurs russes une allure plus nationale,
et il a dit à ses peuples, prématurément selon nous : « Votre civilisation
mûrira d'elle-même ; désormais vous marcherez seuls.... » Et les mœurs
russes, sous le règne de ce prince, ont éprouvé un notable changement ;
encore un quart de siècle, et le caractère asiatique aura envahi les plus
hautes classes de la société, qui, sous l'empereur Alexandre Ier, se faisaient remarquer par une politesse et une élégance de langage dont
s'étonnèrent souvent les cours étrangères.

insupportable, c'est de déprécier à outrance et sans examen tout ce qui tient à notre pays, et de vanter outre mesure tout ce qui est étranger. S'agit-il de quelque objet d'art qu'on lui présente comme la production d'un artiste compatriote, il trouve cela détestable, et prétend qu'on ne peut rien attendre de bon d'un Russe. Si on lui eût dit que l'objet en question venait de Londres ou de Paris, il l'aurait trouvé admirable, délicieux. Cette malheureuse manie, très-commune parmi nos compatriotes, décourage les artistes de notre nation, et contribue singulièrement à retarder les progrès de notre industrie. »

J'ouvre ici une parenthèse pour faire remarquer en passant au lecteur qu'ici mon interlocuteur ne me dit pas la véritable cause du découragement des artistes russes, et du peu de progrès de cette nation dans l'industrie. Cette cause, je ne l'ai connue moi-même que plus tard : c'est l'esclavage, ainsi que je l'expliquerai ailleurs. Cette réserve faite, je ferme ma parenthèse, et je laisse la parole au colonel de M....

« Remarquez l'individu en habit noir qui tourne le dos à la cheminée; c'est un propriétaire qui a été très-opulent, et qui sera bientôt réduit à la misère. Il passe sa vie à faire des trocs, vaille que vaille. L'année dernière, il a changé un village fort riche contre un bel hôtel à Moscou; l'hôtel était loin de valoir le village, et, pour comble de malheur, il a été brûlé dans l'incendie de la capitale. Cet événement ne l'a pas dégoûté de

sa manie ; car tout récemment il a troqué son valet
de chambre, chirurgien barbier, contre un chien da-
nois.

« Ce petit homme qui gesticule comme un polichi-
nel, est un prince russe qui s'est ruiné par son in-
conduite. Comme il pense qu'il faut avoir un état pour
gagner sa vie, il a adopté celui de bouffon, qui réussit
à merveille dans ce pays. Ce grand personnage décoré,
avec lequel il s'entretient, est un ignorant et un sot,
bien qu'il occupe une place éminente qui suppose de
l'instruction et de la science; il est connu par sa haine
contre les Français. Je lui ai entendu dire, en voyant
passer le précepteur de ses enfants, qui était un abbé
français du plus grand talent et d'une conduite exemplaire : « La vue d'un Français me donne des crispations
de nerfs. » On met sur son compte une anecdote assez
plaisante. Se trouvant un jour dans le salon du prince
Potemkin, celui-ci, cherchant à s'amuser aux dépens
de ses plats courtisans, s'avisa de jeter sur un lustre
un cordon de Saint-Alexandre-Newski, en disant : « Il
appartient à celui qui pourra l'atteindre. » Tous les
complaisants de l'Altesse favorite se mirent à sauter à
qui mieux mieux; mais M. X...., grâce à la souplesse
de ses jarrets et à sa haute taille, remporta le prix du
saut, et depuis ce jour il se pavane avec orgueil du
cordon de Saint-Alexandre, qui brille en *sautoir* sur
son habit.

« Cet homme gros et court, en uniforme de général,

est appelé le général D....: c'est un politique furibond
et imbécile. Lors de la campagne d'Austerlitz, il pré-
tendait qu'au bout de quelques jours nos troupes
seraient à Paris. « Mais, disait-il, que ferons-nous de
ses habitants? car, bien certainement, nous n'y lais-
serons pas pierre sur pierre. Quant à moi, je suis
décidé à en faire emmener une bonne quantité pour
peupler mes déserts, comme nous avons fait en Pologne, en Crimée et ailleurs. En attendant, buvons à
la santé de cette canaille ! »

« Après la revue de tant de mauvaises copies, je suis
charmé, continua le colonel, d'arriver enfin à de bons
originaux. Ces deux hommes à cheveux blancs, qui
causent avec la maîtresse de la maison, sont deux
Russes de la vieille roche, et qui ont conservé l'ancien
type de la nation. Leur physionomie respire la bienveillance et la cordialité. Ces hommes-là ont su se préserver
de la corruption de nos modernes, et garder les vertus
de nos anciens. Voyez comme leur franchise et leur simplicité contrastent avec la mine hautaine et recherchée
de ce freluquet qui se trouve vis-à-vis de cette console.
Le père de ce jeune homme est un ancien fermier des
eaux-de-vie, qui est arrivé à son grade de major à force
d'intrigue. Il a réussi à gagner la protection d'un grand
seigneur qui, après avoir obtenu pour le père les épau-
lettes de major, a fait avoir au fils le grade de capitaine.
Ces deux plaisants militaires n'ont jamais vu le feu, si
ce n'est celui de leur alambic.

« Cette dame que vous voyez près de la maîtresse
de la maison, est connue dans la société par l'habitude
qu'elle a de tromper au jeu. Nous sommes assez indul-
gents pour ce défaut-là; mais il est pourtant des bornes
que nous ne permettons pas de dépasser. L'autre jour
elle s'était mise derrière sa fille qui faisait sa partie de
piquet, et de temps en temps elle lui passait des cartes
de l'écart avec une adresse étonnante. L'adversaire, qui
ne s'en aperçut au bout d'un certain temps que parce
qu'il était payé pour être sur ses gardes, fit l'observation qu'il n'était pas permis de revenir sur son écart.
La maman répondit en riant : « Ma fille est une petite
friponne qui fera son chemin. » Cette dame est fidèle
à une maxime fortement à la mode aujourd'hui, c'est
de ne payer que les dettes de jeu, les seules, dit-elle,
qu'on puisse appeler dettes d'honneur; mais elle a soin
de prendre ses mesures pour n'en contracter que le
moins possible. »

Mon narrateur se disposait à continuer, quand heureusement pour moi qui avais grand appétit, on vint
servir le *zakuska*.

Il est d'usage en Russie, et dans les autres pays du
Nord, en Suède, en Norwége, en Danemark, de faire
précéder le repas principal par un petit repas qui se sert
dans le salon, un quart d'heure avant qu'on se mette à
table; ce préliminaire, espèce de collation qui touche
au dîner, est destiné à aiguiser l'appétit, et s'appelle
zakuska. Des domestiques apportent sur des plateaux

de petites assiettes couvertes de caviar (1) frais et tel
qu'on n'en mange qu'en ce pays, de poisson fumé, de
fromage, de viande salée, de biscuits de mer et d'autres
pâtisseries sucrées et non sucrées; on sert aussi des
liqueurs amères, du vermout, de l'eau-de-vie de France,
du porter de Londres, du vin de Hongrie et de l'or
potable de Dantzik, et l'on mange et l'on boit tout cela
debout en se promenant. Il ne tiendrait qu'à un étranger ignorant des usages du pays, et d'un appétit facile
à contenter, de se rassasier ainsi tout d'abord, et de
rester ensuite simple spectateur du véritable dîner, qui
ne serait pour lui qu'un hors-d'œuvre.

Je ne m'amuserai pas à décrire le dîner, ce qui serait
probablement fort ennuyeux pour les lecteurs. Je dirai
seulement que l'on mange beaucoup en Russie, et que
l'on fait bonne chère dans les bonnes maisons; mais on
aime trop les hachis, la farce et les boulettes de viande

(1) Le *caviar* (*ikra*) est une préparation que les Russes des bords
du Volga et de l'Oka, et les Cosaques de l'Oural, donnent aux œufs
d'esturgeon et de sterlet. La consommation du caviar est si considérable,
que cette préparation est une branche d'industrie et de commerce d'une
grande importance en Russie. Il y a trois sortes de caviar : le *caviar
grenu*, destiné à être mangé frais, et qui, pour cette raison, est le plus
recherché ; c'est celui dont il est ici question. — La seconde sorte est le
caviar compacte, que l'on presse dans des barils, après en avoir fait
égoutter la saumure ; la troisième préparation est le *caviar salé et séché*.
Ces deux dernières sortes sont celles qui se conservent le plus longtemps
et les seules que l'on puisse expédier dans les diverses parties de l'Europe ; mais elles ne donnent qu'une idée imparfaite de la délicatesse de
la première.

ou de poisson dans des pâtés à l'allemande, à l'italienne, ou dans des pâtés chauds à la française.

Un des poissons les plus délicats du monde est l
sterlet du Volga, où on le pêche en abondance; il tien
du poisson de mer et du poisson d'eau douce, san
toutefois ressembler à aucun de ceux que j'ai mangé
ailleurs : il est grand, sa chair est fine, légère, sa pea
d'un goût exquis; et sa tête pointue, toute composé
de cartilages, est très-délicate; on assaisonne ce monstr
d'une manière recherchée, mais sans trop d'épices : l
sauce à laquelle on le sert a tout à la fois le goût d
vin et du bouillon et celui du jus de citron. Je préfèr
ce mets national à tous les autres ragoûts du pays, e
surtout à la soupe froide et aigre, espèce de bouillon
de poisson à la glace, détestable régal des Russes. Il
font aussi des soupes au vinaigre sucré, dont j'ai goût
pour n'y plus revenir.

Le dîner du gouverneur était bon et bien servi, san
superfluité, sans recherche inutile. Après le café, qu
fut servi dans le salon, il y eut une sorte d'entr'act
pendant lequel les convives se dispersèrent jusqu'à
l'heure où devait commencer la soirée, c'est-à-dire la
partie la plus brillante de la fête.

Pendant le *zakuska*, ou la collation d'avant-dîner, la
comtesse K..... m'avait présenté à un des convives qu
venait d'arriver seulement, en me disant : « Je suis bien
aise de vous faire connaître M de Marcilly, votre compatriote et notre ami, et qui, j'espère, sera bientôt aussi

le vôtre. » L'espérance de la comtesse s'est promptement
réalisée ; et dès cette première rencontre notre liaison
prit un caractère d'intimité et de confiance, comme si
nous eussions été d'anciennes connaissances qui se
retrouvent après une longue séparation.

M. de Marcilly avait alors quarante-cinq ans. Il habi-
tait la Russie depuis plus de vingt ans ; il y était arrivé
un peu avant la révolution française, sans autre intention que de voir la cour de l'impératrice Catherine II, et
de voyager en amateur dans quelques provinces de ce
vaste empire. La révolution était venue le surprendre au
milieu de ses pérégrinations ; il avait été porté sur la
liste des émigrés, ses biens avaient été vendus, et il s'était
trouvé un beau jour au milieu de Saint-Pétersbourg dans
l'état de Bias après son naufrage ; mais, comme le philosophe grec, M. de Marcilly portait avec lui un trésor
que les naufrages ni les révolutions ne pouvaient lui
enlever : c'était une instruction solide et variée, et un
grand fonds de religion qui lui faisait accepter coura-
geusement les épreuves auxquelles la Providence le sou-
mettait.

L'impératrice fit offrir à M. de Marcilly, comme à la
plupart des gentilshommes français émigrés, de prendre
du service dans l'armée russe. M. de Marcilly refusa ;
quoiqu'il ne fût pas payé pour aimer le nouveau gouvernement établi en France par la révolution, il ne voulait
pas porter les armes contre son pays ; il ne lui restait
qu'une ressource pour vivre, c'était d'exercer les fonc-

tions d'instituteur, et d'utiliser ainsi les connaissances qu'il avait acquises dans sa jeunesse. Ce ne fut pas sans une grande répugnance qu'il se décida à embrasser une profession qui allait le placer dans une sorte de dépendance et de servilité. Heureusement, dès qu'il eut fait connaître ses intentions aux personnes à qui il avait été recommandé à Pétersbourg, on s'empressa de lui chercher une position convenable, et on le mit en rapport avec le comte K....., riche et puissant seigneur de la cour de Catherine II. Le comte n'avait qu'un fils âgé d'une quinzaine d'années, dont l'éducation avait été assez négligée. M. K..... mit auprès de lui M. de Marcilly en qualité de mentor et d'ami, plutôt que de précepteur.

Le maître gagna si bien la confiance de l'élève, qu'il en fit réellement son ami, et que cette amitié, chose rare partout, mais surtout en Russie, s'est conservée toujours aussi vive, aussi affectueuse que dans ses commencements. Grâce aux leçons et aux conseils de son gouverneur, le jeune K..... ne tarda pas à acquérir les connaissances qui lui manquaient, et à se trouver digne des titres et des faveurs auxquels l'appelait sa naissance. On a déjà deviné sans doute que c'est cet élève de M. de Marcilly que nous retrouvons aujourd'hui gouverneur de Saratof.

Quand son éducation avait été terminée, il avait supplié son mentor de ne pas le quitter, et de continuer de vivre avec lui comme un membre de sa famille, ou

plutôt comme un père, car il venait de perdre le sien,
et lui seul pourrait le remplacer. M. de Marcilly céda à
ses instances; mais à l'époque du mariage de son élève,
il avait obtenu, non sans peine, de cesser d'être son
commensal. Il s'était dès lors retiré en Crimée, dont
le climat lui convenait beaucoup mieux que celui de
l'intérieur de la Russie, et où il vivait heureux sous
la protection d'un compatriote, M. de Richelieu, gouverneur de la province de Kherson. De là il entretenait une correspondance suivie avec son ancien élève,
et il était venu même deux fois le visiter depuis qu'il
résidait à Saratof; cette année, en apprenant la maladie
de son fils et la présence de prisonniers français dans
cette ville, il n'avait pas hésité à faire ce voyage pour
porter des consolations au père si le jeune malade eût
succombé, ou pour prendre part à sa joie s'il était
rétabli, puis aussi dans l'espoir d'offrir ses services et
peut-être d'être utile à quelques-uns de ses compatriotes.

Placé à côté de moi pendant le dîner, M. de Marcilly
m'avait raconté son histoire, dont je viens de donner
une courte analyse. Nous continuâmes encore à nous
entretenir jusqu'au moment où les préludes des
instruments nous annoncèrent le commencement du
concert.

Ce concert n'était exécuté que par des amateurs, et je
fus réellement étonné de la manière brillante dont ils
s'en tirèrent. Les femmes surtout, et même de très-jeunes

personnes, m'étonnèrent par la perfection avec laquelle
elles exécutèrent les chefs-d'œuvre de Mozart, de Cima-
rosa, de Méhul et de Boyeldieu; le fait est que l'on
trouverait difficilement dans les concerts d'amateurs de
nos grandes villes de France un goût et un ensemble
plus parfaits. Comme j'en manifestais ma surprise à
M. de Marcilly :

« Cela, me répondit-il, tient à deux causes : d'abord
les Russes sont naturellement musiciens; leur langue,
avec ses inflexions si variées, est douce et mélodieuse,
elle prête à l'harmonie; puis les jeunes personnes qui
appartiennent aux classes élevées de la société, passent
la plus grande partie de leur temps à s'instruire
et à cultiver les arts d'agrément; chez un grand
nombre d'entre elles, on peut même dire que l'étude
de la musique est poussée trop loin pour quiconque
ne doit pas en faire son état ou sa principale occupation. »

Après le concert, on joua quelques proverbes et un
vaudeville français. Je fus encore plus enchanté du
spectacle que du concert; j'étais émerveillé surtout du
tact, de la finesse, avec lesquels les nuances les plus
délicates de notre langue étaient saisies et rendues.
Certes, des acteurs de profession auraient pu prendre
ici d'utiles leçons. « La perfection du jeu de ces acteurs-
amateurs, me dit M. de Marcilly, vient de ce que les
Russes sont aussi naturellement comédiens qu'ils sont
musiciens. Quand vous les connaîtrez mieux, quand

vous aurez eu quelques relations un peu suivies avec
eux, vous verrez qu'au milieu d'un salon aussi bien
que dans le tête-à-tête, toutes les fois qu'ils parlent,
ils jouent un rôle, ils posent, en un mot ils sont comédiens. Il y a, je me hâte de le dire, d'honorables exceptions ; mais elles sont rares, surtout chez les hommes,
car les dames russes sont incomparablement supérieures
à leurs maris. Instruites pour la plupart, elles savent
assaisonner leur instruction d'une grâce infinie. Elles
parlent notre langue avec une irréprochable pureté ;
elles lui prêtent même une nouvelle originalité par un
certain chant mélodieux qui n'appartient qu'à elles,
et par des jets spontanés de locutions exotiques dont
elles l'émaillent à plaisir. S'il y a en Russie quelque
intelligence de la civilisation, c'est certainement chez
les femmes. »

J'avais déjà pu reconnaître la justesse des observations
de M. de Marcilly par le petit nombre de femmes que
j'avais eu occasion de rencontrer chez la comtesse depuis
que je fréquentais sa maison, et qui toutes m'avaient
étonné par la perfection avec laquelle elles parlaient et
comprenaient notre langue. Chez les hommes, il y avait
bien aussi absence d'accent étranger dans la prononciation ; mais il n'y avait pas la même intelligence de notre
langue. La délicatesse de leur oreille et les sons variés
des voyelles, la multitude des consonnes, les divers
genres de sifflement auxquels il faut s'exercer pour parler le russe, les habituent dès l'enfance à vaincre toutes

les difficultés de la prononciation. Ceux mêmes qui n
savent dire que quelques mots français, les articulen
comme nous. Par là, ils nous font illusion; nous croyon
qu'ils entendent notre langue aussi bien qu'ils la parlent
et nous sommes dans l'erreur.

Après le spectacle, on servit le thé; puis la soirée se
termina par des danses et des jeux. Les Russes poussen
la passion du jeu jusqu'à la frénésie; et à peine les dernières tasses de thé étaient-elles avalées, que déjà les
tables de jeux étaient envahies. En vain l'orchestre fai-
sait-il entendre ses ritournelles les plus joyeuses et les
airs les plus nouveaux des contredanses françaises,
des valses allemandes et des mazurkas polonaises; en
vain les dames montraient-elles hautement leur dépit
de ce qu'on leur préférait la *dame de pique;* les Russes,
jeunes et vieux, entouraient les tables de whist ou de
trente et quarante, et étalaient sur le tapis les roubles
d'or et d'argent. Heureusement pour les dames que les
officiers français invités à la fête n'étaient pas joueurs...;
il est vrai qu'ils n'avaient guère le moyen de l'être. Ils
offrirent aux dames d'être leurs partners pour le bal,
et ils furent enchantés de l'accueil aimable et bienveillant qu'ils reçurent; ce qui les surprit d'autant plus
agréablement que leur tenue de bal était loin d'être
irréprochable, et que plusieurs d'entre eux portaient
encore sur leur uniforme des traces de coups de lances
des Cosaques.

Pour moi, qui ne dansais ni ne jouais, je continuai

à m'entretenir avec M. de Marcilly jusqu'à ce que l'heure avancée de la nuit nous engagea à aller prendre quelque repos. Nous nous séparâmes en nous promettant de nous revoir le lendemain.

CHAPITRE VIII

La guérison du fils du gouverneur m'avait mis en
quelque sorte en évidence, et j'étais chaque jour assailli
de demandes et de consultations de la part des principaux
habitants de la ville et des environs, au point qu'avec
la meilleure volonté il m'eût été impossible de répondre
à toutes les sollicitations dont j'étais l'objet. J'avais été
obligé, depuis quelque temps, de prendre un logement
en ville, ne pouvant recevoir les nombreux clients qui
venaient me consulter au milieu de la salle commune de
notre caserne. A cette occasion, la comtesse K.... m'avait
renouvelé l'offre qu'elle m'avait faite d'un logement dans
son hôtel; mais j'avais encore décliné cet honneur,
sous prétexte de l'embarras que lui causeraient les visi-
teurs qui auraient affaire à moi, et de la gêne qu'ils

éprouveraient eux - mêmes à venir voir leur médecin dans l'hôtel du gouvernement. Elle s'était rendue à ces raisons; mais elle avait ajouté avec une grâce charmante, « qu'elle espérait du moins que je choisirais mon habitation dans le voisinage de l'hôtel, et le plus près possible, afin que nous pussions nous voir plus souvent. » J'avais cédé à ce désir, et j'avais loué, à quelques pas de l'hôtel du gouvernement, un appartement que j'avais fait arranger et meubler à la française.

Le produit de mes visites et de mes consultations m'avait largement permis de faire ces dépenses; j'avais même renoncé à ma solde d'officier prisonnier, en faveur du jeune sergent-major qu'on avait refusé de compter au nombre des officiers, parce qu'il n'en avait pas encore reçu le brevet. Il avait été jusque alors nourri à notre table, aux frais de la masse générale; mais ce jeune homme, plein de délicatesse, se trouvait en quelque sorte mal à l'aise d'être à notre charge; et, depuis que j'étais en relation avec le gouverneur, il ne cessait de me solliciter pour lui chercher quelque emploi honorable où il pût du moins gagner de quoi payer sa part de la pension commune. Aucune occasion favorable ne s'était encore présentée, quand, ma position financière me le permettant, je lui offris de lui faire l'abandon de ma solde, mais à condition, car il ne l'eût pas acceptée sans cela, qu'il remplirait auprès de moi les fonctions de secrétaire. Il accueillit avec joie ma proposition.

J'avais cru d'abord n'avoir trouvé qu'un prétexte honorable pour lui faire accepter le service que je voulais
lui rendre, car je regardais la place de secrétaire auprès
de moi comme une véritable sinécure. Mais la manière
dont le jeune Rancey (c'était le nom de notre sous-lieutenant *in partibus*) s'acquitta de ses fonctions, m'eut
bientôt fait changer d'avis, et me le rendit un auxiliaire indispensable. Ce jeune homme avait longtemps
habité la Pologne, et il parlait parfaitement la langue
de ce pays. L'affinité qui existe entre le polonais et le
russe lui avait fait apprendre promptement cette dernière langue; il en avait fait une étude particulière
depuis notre arrivée à Saratof, de sorte qu'il le parlait
et l'écrivait avec assez de facilité. Il devint donc mon
interprète toutes les fois, et cela arrivait fréquemment,
que j'étais consulté par des habitants qui ne parlaient
pas le français. Il répondait, pendant mon absence,
aux personnes qui se présentaient, prenait note de
leurs noms et de leurs demandes, du nombre de visites
que je faisais aux malades, etc. etc. Enfin, sa journée
était presque autant occupée que la mienne, et loin de
lui avoir fait une faveur en lui abandonnant ma solde
de prisonnier, je trouvai bientôt qu'il était de toute justice d'augmenter ses appointements.

Le lendemain de la fête donnée par le gouverneur,
M. Rancey entra de bonne heure dans ma chambre pour
m'annoncer que l'intendant d'un riche seigneur campa-
gnard des environs de Saratof venait, de la part de

son maître, me prier de me rendre le plus tôt possible
au château de Golbinskaïa pour visiter quelques-uns de
ses serfs atteints, depuis plusieurs jours, d'une maladie
qui paraissait épidémique, car elle gagnait de proche
en proche, et menaçait d'envahir tout le village. Je ne
pouvais refuser la prière du seigneur de Golbinskaïa,
un des amis intimes du gouverneur, et qui n'avait pas
assisté à la fête de la veille précisément à cause de la
maladie qui sévissait sur ses vassaux. Je n'étais pas
fâché non plus de faire une petite excursion dans la
campagne; car, depuis mon arrivée à Saratof, je n'avais,
pour ainsi dire, pas encore quitté cette ville. D'un autre
côté, je regrettais de ne pas me trouver au rendez-vous
que j'avais donné à M. de Marcilly; mais le devoir me
forçait d'ajourner le plaisir que je me promettais dans
son entretien. Déjà je commençais une lettre pour m'ex-
cuser auprès de lui, quand tout à coup il entra lui-même
dans mon cabinet. Je le mis aussitôt au courant de ce
qui m'arrivait. « Eh bien! me dit-il, il y a moyen de
tout concilier. Je vais vous accompagner moi-même
chez M. de Golbinskof, que je connais beaucoup. Je
vous servirai au besoin d'interprète auprès des *mougiks*
que vous aurez occasion d'interroger; et si hier, dans
une soirée du monde élégant, j'ai pu vous aider à vous
faire une idée de la haute société russe, aujourd'hui
je vous montrerai un tableau bien différent, celui du
peuple et de sa misère. Le contraste sera grand sans
doute, mais il n'en sera que plus instructif. »

J'acceptai avec plaisir l'offre de M. de Marcilly, et je fis répondre à l'intendant de M. de Golbinskof que je me rendrais dans la journée au château de son maître. Il répondit que dans ce cas il avait ordre de m'attendre et de m'emmener dans son droschki. Nous fixâmes alors, M. de Marcilly et moi, l'heure à laquelle nous serions prêts à partir, et l'intendant nous dit qu'il serait à notre disposition.

M. de Marcilly alla prévenir le gouverneur de notre voyage, et moi, pendant ce temps-là, je fis quelques courses en ville pour me procurer différents objets qui me manquaient encore dans mon ameublement. Je fus fort étonné, en faisant ces emplettes, de reconnaître dans plusieurs boutiques que je visitai, parmi les commis et même les chefs, des individus que j'avais vus la veille, en grande livrée, servir des rafraîchissements à la soirée du gouverneur. J'avais effectivement remarqué que la livrée, déjà très-nombreuse, du général K..... (car elle se composait de plus de cent laquais) avait été au moins doublée, sinon triplée dans cette circonstance ; mais il me paraissait assez étonnant que ce supplément eût été fourni par les boutiquiers de la ville et leurs commis. J'eus plus tard, par M. de Marcilly, l'explication de ce fait qui me semblait si étrange, et je la place ici pour ne pas y revenir.

Les seigneurs russes ne peuvent vivre sans être entourés d'un nombre de domestiques inconnu dans les autres pays ; ce qui ne les empêche pas, soit dit en passant,

d'être les gens les plus mal servis du monde. Il est
vrai que ces domestiques ne sont guère à charge à
leur bourse ; serfs pour la plupart, ils ne reçoivent
rien, ou du moins peu de chose. C'est ce qui permet
à certaines maisons de compter jusqu'à trois et quatre
cents domestiques. Les seigneurs qui ne veulent pas
avoir un train aussi embarrassant et qui ne laisse pas
que d'être dispendieux, ont imaginé un moyen d'avoir
toujours à leur disposition, pour les occasions solen-
nelles, une livrée extraordinaire qu'ils peuvent multiplier à leur gré. Cette livrée se recrute parmi ceux de
leurs serfs auxquels ils ont permis d'abandonner leurs
terres pour s'établir dans les villes qu'ils habitent, et
s'y livrer au commerce ou y exercer la profession qui
leur convient. Quel que soit l'état ou la profession que
ces derniers embrassent, ils n'en sont pas moins à la
merci de leur maître, et tenus de répondre à son appel ;
c'est l'intendant ou le *staroste* (ancien) qui est chargé
de ce soin. Au jour fixé, tous ces laquais d'occasion
tirent de leur sac l'habit galonné qu'ils ont toujours
en réserve, et accourent à l'envi pour orner de leur
présence la soirée seigneuriale.

A l'heure indiquée, notre droschki nous attendait à
ma porte. C'était la première fois que je montais sur
une de ces voitures si originales et qui n'appartiennent
qu'à la Russie. Le droschki est la plus petite voiture
possible ; elle est à peu près cachée par les deux ou trois
hommes qu'elle peut traîner rez-terre, car elle est basse

à faire rire ou à faire peur. Elle consiste en une banquette rembourée et munie de quatre garde-crottes en cuir verni. Cette banquette, ainsi ornée, est supportée par quatre petits ressorts placés de longueur sur quatre roues les plus basses possibles. Le cocher s'assied en avant, les pieds presque touchant aux jarrets du cheval ; et tout près du cocher, à califourchon sur la banquette, sont cramponnés ceux qu'il conduit ; deux hommes au plus peuvent monter avec le cocher dans le même droschki.

A ces singulières voitures, toutes légères qu'elles sont, on attelle un, deux, même trois chevaux ; le cheval principal, celui du brancard, a la tête passée dans un beau demi-cercle de bois assez élevé et qui figure un arc de triomphe mouvant. Ce n'est point un collier, car le cou du cheval est loin du bois ; c'est plutôt un cerceau à travers lequel l'animal paraît s'avancer fièrement. Cette manière d'atteler est sûre, elle est aussi d'un effet gracieux. Les diverses parties du harnais s'adaptent à ce bois d'une façon élégante et solide ; une sonnette attachée au demi-cercle annonce l'approche du droschki. En voyant cet équipage, le plus bas des équipages et le plus petit, puisqu'il disparaît entièrement sous l'homme, glisser à terre et fuir avec la rapidité de la flèche, vous ne vous croyez plus en Europe. Vous ne savez à quel siècle, à quel monde appartient ce que vous avez devant les yeux, et vous vous demandez comment des hommes qui vous paraissent ramper sur la terre, ont pu disparaître au grand galop de leurs chevaux.

Le second cheval, attelé hors la main, est encore plus libre que le limonier; il porte la tête en dehors; il a l'encolure toujours ployée à gauche, et galope continuellement, même quand son camarade ne fait que trotter; on l'appelle le *furieux*.

On est rudement cahoté dans ces imperceptibles voitures, malgré la souplesse des ressorts, et plus d'une fois j'aurais été lancé au loin si je n'avais eu la précaution de me cramponner de toutes mes forces à la banquette sur laquelle j'étais à cheval. En quelques heures nous arrivâmes à notre destination; mais j'étais tout courbaturé, et j'avais grand besoin de repos avant de commencer mes fonctions. Il fut décidé que je ne commencerais que le lendemain matin mes visites au village, qui était éloigné d'environ une lieue du château.

Nous passâmes donc la soirée en famille avec M. de Golbinskof. C'était un vrai boyard de l'ancienne roche, et dont le type tend à disparaître de jour en jour en Russie. Il s'exprimait difficilement en français, parce que, contrairement à l'usage établi depuis longtemps parmi la noblesse, il n'avait jamais eu de goût ni pour les mœurs, ni pour les langues étrangères. Il n'avait voulu devenir ni Français, ni Allemand, mais rester Russe, en dépit de la mode. Au lieu des habits à la française, portés par tous les nobles à cette époque quand ils n'avaient pas l'uniforme militaire, il était vêtu de l'ancien cos-

tume national, plutôt asiatique qu'européen. Ce costume
consistait en un cafetan de drap bleu, espèce de longue
robe persane très-ample et garnie de fourrures. Il était
coiffé d'une toque ou turban assez semblable à un berret
basque ; son cou était nu, sans col et sans cravate, et
sa barbe, qui descendait jusque sur sa poitrine, donnait
à sa physionomie quelque chose d'imposant.

Je regrettais de ne pouvoir m'entretenir avec lui
comme je l'aurais désiré ; mais, malgré les difficultés
d'une conversation qui ne pouvait se soutenir qu'à
l'aide de M. de Marcilly, notre interprète, je trouvai
dans ce noble représentant de l'ancienne Russie un
caractère de franchise, de générosité, et surtout d'humanité, que l'on rencontre rarement dans ses concitoyens
qui se croient beaucoup plus policés et plus civilisés que
lui. Il traitait ses esclaves comme ses enfants, ou comme
des hommes dont le sort lui était confié, tandis que la
plupart des seigneurs russes ne regardent leurs serfs que
comme des animaux domestiques, dont ils peuvent disposer au gré de leurs caprices, de leur intérêt ou de
leurs passions. C'était par suite de cette bienveillance
toute paternelle qu'ayant appris l'arrivée à Saratof d'un
médecin français qu'on disait beaucoup plus habile que
les docteurs allemands du pays, il avait voulu l'appeler
pour qu'il vînt visiter *ses enfants* malades.

Le lendemain, M. de Golbinskof voulut m'accompagner lui-même au village. Je visitai tous les malades, au
nombre de vingt à trente ; mais je m'aperçus bientôt

que ma présence inspirait peu de confiance à ces hommes, et que sans l'assistance de leur seigneur ils auraient refusé de répondre aux questions que je leur adressais à l'aide de M. de Marcilly. Quant aux ordonnances concernant chaque malade, je les remis à M. de Golbinskof, qui se chargea de les faire exécuter; sans cette précaution, il est probable qu'elles ne l'auraient jamais été.

Comme je paraissais contrarié du peu de confiance des malades et de la répugnance évidente qu'ils avaient manifestée à suivre mes prescriptions, M. de Marcilly me dit : « Il ne faut pas que cela vous étonne. Les Russes, avant leur civilisation, ou, pour parler plus exactement, avant l'introduction des étrangers dans leur pays, n'avaient aucune idée de ce qu'on appelle un *docteur* en médecine. Ils ne connaissaient, pour me servir du seul mot qui réponde à celui de médecin en russe, que des guérisseurs (*lecari*). C'étaient de vieilles femmes ou des empiriques qui possédaient des panacées universelles et des remèdes à tous les maux (1). Ces remèdes consistaient en simples dont on ordonnait des infusions à tous propos. Les ventouses, les bains chauds et froids, les topiques étaient leurs principaux moyens cura-

____

(1) Voici la recette d'un médicament russe dont le peuple vante l'efficacité et auquel il a recours dans beaucoup de maladies. Prenez un bon verre d'eau-de-vie, faites-y infuser de la poudre à canon, du poivre; mettez dans cette potion quelques gousses d'ail. — On prétend que ce remède souverain a délivré un grand nombre de malades de tous leurs maux présents et futurs.

tifs. Les talismans, les amulettes, etc., formaient leur
hygiène.

« Tel était l'état de la médecine pour les classes
élevées, tel il est encore pour la classe du peuple. En
général, celle-ci n'a confiance qu'aux empiriques, et
je ne serais pas surpris que vos malades de ce matin
n'aient déjà reçu plusieurs visites des *lecari* du voisinage, dont ils suivront les ordonnances de préférence
aux vôtres, si leur seigneur ne les surveille avec attention.

— Mais comment pourra-t-il, s'ils ne le veulent
pas, les obliger à prendre les médicaments que j'ai
prescrits ?

— Vous ne vous faites guère idée, mon cher docteur,
reprit en souriant M. de Marcilly, de ce qu'est l'autorité d'un seigneur russe et l'obéissance d'un serf. S'ils
ne le veulent pas, dites-vous ? Mais est-ce que ces
hommes ont une volonté ? est-ce qu'ils n'appartiennent
pas à leur maître corps et âme ? J'ai vu très-fréquemment, depuis mon séjour en Russie, un pareil cas se
présenter ; j'ai souvent entendu des domestiques ou des
paysans répondre aux instances qu'on leur faisait pour
prendre les médicaments ordonnés par un docteur :
Eto maraït doucha (cela salit l'âme) ; mais dès que le
staroste avait dit que c'était l'ordre du maître, ils faisaient taire leur répugnance, et avalaient la médecine.
S'ils persistaient dans leur entêtement, on les menaçait
du bâton, et on les frappait même jusqu'à ce qu'ils

eussent obéi. Je ne pense pas que M. de Golbinskof soit obligé d'en venir à cette extrémité, parce qu'il est très-aimé de ses serfs, et que quand le staroste aura dit : « Le maître le veut, » ils obéiront sans difficulté, persuadés que leur seigneur ne veut que leur bien. Vous pouvez donc être pleinement rassuré sur la stricte exécution de vos ordonnances, et être convaincu qu'elles seront suivies avec autant d'exactitude et de ponctualité qu'elles le seraient dans l'hôpital le mieux tenu. »

Nous revînmes dans la journée à Saratof, mais après avoir promis à M. de Golbinskof de retourner, deux ou trois fois par semaine, visiter ses malades. Pendant plus d'un mois je fis ce trajet au moins quatre fois par semaine, et je visitai d'autres villages que ceux de M. de Golbinskof. Plusieurs fois mon excellent ami, M. de Marcilly, voulut m'accompagner dans ces courses ; d'autres fois j'emmenais avec moi M. Rancey ; le plus souvent j'étais seul. Peu à peu l'épidémie se ralentit, et enfin il me fut possible de prendre quelque repos.

Grâce à mes courses dans les campagnes, grâce surtout aux renseignements que me fournit M. de Marcilly, j'ai pu étudier de près le paysan russe, son genre de vie, ses qualités, ses défauts, ses passe-temps, etc., et je vais consigner dans le chapitre suivant le résultat de mes observations.

CHAPITRE IX

Le paysan russe. — Logement. — Mobilier. — Nourriture. — Costume.
— Chaussures. — Hospitalité du paysan russe. — Ses qualités. — Sa
sensibilité. — Ses défauts. — Penchant à l'ivrognerie. — Habitude du
sommeil. — Son goût pour les exercices violents. — Le peuple russe
naturellement musicien. — Ressemblance des Russes de toutes les
provinces.

La maison, ou plutôt la hutte, d'un paysan russe
ressemble assez de loin à un triangle dont la base
serait un peu prolongée. Elle est ordinairement bâtie
en poutres de sapin, posées les unes sur les autres ;
une couche de mousse garnit les interstices que les
pièces peuvent laisser entre elles. L'extérieur de la
hutte présente rarement plus d'une ou de deux petites
fenêtres, formées d'un ou de plusieurs petits carreaux
de verre ou de talc. On entre par une porte cochère
dans une cour très-étroite. L'écurie et le grenier à foin
sont ordinairement sur le derrière ou à la droite de la
maison ; à gauche, un petit palier sert d'antichambre,
et conduit à l'*isba* ou chambre. La porte en est si basse,
qu'on risque de se donner un coup violent, si l'on

10

n'a pas l'attention de plier le corps ou de baisser la
tête.

A droite en entrant, se trouve un four immense
dont le dessus sert en hiver de chambre à coucher ou
de lit à toute la famille. Lorsqu'elle est nombreuse, elle
trouve facilement à se caser sur des planches placées à
la hauteur du poële. De simples nattes servent de lit,
et les vêtements tiennent lieu de couverture. En été,
hommes, femmes et enfants sont étendus pêle-mêle sur
des bancs de bois qui forment divan tout autour de la
salle. Pour se garantir des courtes mais vives chaleurs de
l'été, il y a en dehors de quelques chaumières un divan
en plein air; c'est un large balcon couvert, mais à jour;
cette espèce de terrasse tourne autour de la maison, et
sert de lit à la famille, qui même choisit quelquefois
pour sa couche la terre nue.

Quelque petite que soit l'étuve ou la chambre du
paysan russe, elle devient pendant l'hiver l'asile du
veau, du porc et de toute la basse-cour, qu'il est nécessaire de mettre à l'abri des grands froids; mais malheureusement la plupart des paysans russes sont trop
misérables pour avoir tous ces embarras à redouter.

Il me reste à faire l'inventaire du mobilier, et ce
ne sera pas long. On a déjà vu que le lit est un meuble
inconnu du paysan russe. Quelques pots, placés à la
porte ou au-dessus du four, composent tout l'attirail
de ses ustensiles de cuisine. Les meubles consistent en
un banc de bois qui règne autour de l'*isbœ*, servant,

comme nous l'avons dit, de divan et de lit, et en un
pétrin qui sert de table. Une lampe est un meuble de
luxe qu'on ne voit guère que chez les paysans les plus
riches. La plupart des paysans russes s'éclairent au
moyen de quelques éclisses d'un sapin résineux. Ces
éclisses, qu'ils appellent *loutchina*, se placent sur un
trépied garni d'un crochet de fer. Ils se servent de ces
sortes de flambeaux pour aller dans l'écurie et dans le
grenier à fourrage. Lorsqu'on leur dit qu'ils risquent
d'incendier leur maison, ils répondent, en secouant
la tête : « N'ayez pas peur, ce qui doit arriver arrivera. » Ce fatalisme, qu'ils tiennent des Orientaux,
et qui contribue tant à la barbarie de ces peuples en
les privant des avantages de la prévoyance, est presque
aussi répandu chez les Russes que chez les mahométans
leurs voisins. Combien de fois, quand je donnais des
conseils à un paysan malade sur sa santé, il me décon-
certait par cette réponse : « Ce ne sont ni les remèdes
des docteurs, ni ceux des *lecari*, qui guérissent ; ce qui
doit être sera, et rien ne pourra l'empêcher ! » Ces
dernières paroles étaient prononcées avec l'accent grave
et pénétré d'une conviction ferme que rien ne saurait
ébranler.

Quand on entre dans la cabane d'un paysan russe,
l'odorat est désagréablement affecté par les miasmes
répandus dans l'atmosphère de ces cases privées d'air
et de lumière ; mais l'odeur qui domine est celle de
choux aigris, un des principaux mets du peuple en

Russie. A l'heure du repas, toute la famille s'assied autour de la table après avoir fait un signe de croix. La mère de famille tire du four un énorme pot de grès rempli d'une soupe de choux aigris, quelquefois, mais rarement, d'une soupe au pain avec des légumes, et verse cette soupe dans une grande gamelle. Chacun s'arme de la large cuiller de bois qu'il a devant lui, et contente son appétit. Les paysans aisés font couper des morceaux de viande dans la soupe aux choux. Un de leurs mets habituels, et qu'ils mangent avec un singulier plaisir, est un gruau de blé sarrasin cuit au four. Leur boisson est faite avec de la farine fermentée et de l'eau bouillie; elle est aigrelette et rafraîchissante.

Le paysan russe se sert de la hache avec une adresse étonnante. Comme il n'y a point ordinairement de charpentiers ni de menuisiers dans les villages, et qu'il se trouve rarement dans le cas d'en payer, il sait s'en passer au moyen de sa hache, qui lui tient lieu de rabot, de scie et de tout autre instrument. On est surpris, après avoir traversé un village que l'incendie a ravagé jusqu'au sol, de le trouver quelques mois après reconstruit à neuf. Si le seigneur auquel le paysan appartient lui fournit du bois de construction, si ce paysan a pu sauver son cheval et sa charrue, les maux de l'incendie seront bientôt réparés, et il saura avec sa hache rebâtir sa maison et se donner les meubles de nécessité. Tout le reste est luxe, et il s'en passe au besoin.

Le costume des paysans russes a un cachet tout à fait oriental. Il consiste, pendant l'hiver, en une pelisse assez courte, faite de peau de mouton; pendant l'été, en un cafetan de gros drap gris fabriqué par eux-mêmes, ou, pour la classe aisée, de drap bleu foncé. Ce cafetan est serré autour du corps par une large ceinture rouge.

La chaussure se compose de *lapti*, espèce de souliers en écorce de bouleau, tressés à peu près de la même manière qu'on façonne les paniers d'osier. Ces *lapti* sont attachés aux pieds par des bandelettes croisées autour des jambes, et sous ces bandelettes se trouve une large bande de toile en été et de drap en hiver, dont on enveloppe les pieds et les mollets en guise de bas. Un caleçon très-large, enfoncé dans les *lapti*, et une chemise recouvrant le caleçon et serrée autour des reins par une ceinture assez mince, complètent l'habillement.

Les *lapti* ne sont une chaussure ni chaude, ni saine, ni commode; car elle ne les garantit pas du froid et de l'humidité, et elle s'use au bout d'une douzaine de jours. Celui qui parviendrait à introduire l'usage des sabots en Russie serait le bienfaiteur des gens de la campagne. Cette chaussure, la plus économique de toutes, conviendrait parfaitement aux habitants des pays humides et marécageux. En diminuant l'usage des *lapti*, on diminuerait la dégradation du bouleau, l'arbre le plus précieux des contrées septentrionales. De l'écorce du bouleau on fabrique des nattes, des paniers. Les bourgeons de cet arbre peuvent servir de nourriture dans les années de disette. La séve sert à faire du vinaigre et un vin assez agréable. Malheureusement la consommation que l'on fait de cet arbre n'est nullement en rapport avec sa reproduction, et l'on peut prévoir l'époque où il deviendra d'une rareté excessive.

Le paysan russe qui a un tant soit peu d'aisance est très hospitalier; et dans beaucoup de contrées, le voyageur qui passe entre dans sa hutte, fait des signes de croix devant l'image (1) et dit : *Pain et sel*, et sans autre préambule s'assied à la table du maître.

Le villageois vaut infiniment mieux que l'habitant des villes; il est plus affectueux, plus attachant, moins voleur, moins rampant, et il serait un excellent peuple si on lui accordait le bienfait de la liberté, dont il est digne à tous égards.

J'ai été témoin de plusieurs traits de sensibilité qui feraient honneur à des hommes dont l'âme n'aurait pas

---

(1) On ne saurait se faire une idée de la vénération des Russes pour les images, c'est-à-dire pour les portraits ornementés de la Vierge et des saints; car ils regarderaient comme un acte d'idolâtrie de se prosterner devant des figures sculptées ou des bas-reliefs. Il n'est pas de boutique, de maison, de chambre où une de ces images ne soit accrochée dans un coin, avec une petite lampe suspendue à une chaine, et dans laquelle, dimanches et fêtes, brûle constamment une mèche allumée. — La première chose qu'un Russe cherche en entrant dans une chambre, c'est cette image; il ne s'adresse, il ne parle à personne jusqu'à ce qu'il l'ait trouvée et qu'il ait fait devant elle le signe de la croix. — *Révélations sur la Russie.*

été abrutie et dégradée par l'esclavage. J'ai vu des paysans venir se présenter pour recrues à la place de leurs frères ou même de parents plus éloignés ; d'autres s'offrir à recevoir la bastonnade pour eux ; d'autres encore sacrifier tout ce qu'ils possédaient pour racheter la liberté d'un proche. Lorsque le paysan russe sera devenu le fermier du propriétaire au lieu d'en être l'esclave, il décuplera le revenu de son maître, comme il aura lui-même décuplé de force, de courage et d'industrie. Lorsqu'il sera conduit au travail des mines, des usines, fabriques et autres établissements industriels, non par la crainte du bâton, mais par l'appât d'une rétribution nécessaire à sa subsistance, il travaillera avec plus d'assiduité et de zèle, il se corrigera des vices qu'on lui reproche, la paresse, l'ivrognerie et le vol. Les vices de l'esclavage ne sont que la souillure de ses chaînes ; c'est la rouille qui s'attache à un métal grossier.

On ne trouve nulle part en Europe aussi peu de gens contrefaits ou mal conformés qu'en Russie Les poitrines faibles et les complexions délicates, surtout parmi les gens du peuple, ne peuvent résister à la rigueur du climat. Les enfants de cette classe sont à peine vêtus pendant l'hiver. A la campagne on les voit courir dans les rues avec une simple chemise. Il n'est personne qui, ayant habité la Russie, n'ait eu très-fréquemment l'occasion de voir de ces petits enfants presque nus, les bras collés autour de leur corps, et assis dans la neige ou sur la glace. Lorsque le froid les saisit ou qu'ils éprouvent quelque malaise, ils vont se réfugier au-dessus du four, où il fait une chaleur insupportable. C'est ainsi qu'ils passent d'une température de vingt-cinq à trente degrés de froid à celle de vingt-cinq à trente degrés de chaleur, et cette brusque transition, qui occasionnerait chez nous des maladies mortelles, n'exerce aucune influence sur leur santé.

Il n'existe pas un peuple dans le monde qui ait un goût aussi décidé pour les boissons alcooliques que le peuple russe. Les liqueurs les plus spiritueuses sont toujours celles qu'il préfère. Nos vins n'ont aucun attrait pour lui, parce qu'ils causent peu d'effet sur les papilles émoussées de leur palais, et sur un gosier brûlé par l'usage trop réitéré de l'eau-de-vie de grain. Cette eau-de-vie, qu'ils appellent *wodka*, est faite sans soin ; elle a une odeur et un goût d'empyreume qui en rend l'usage insupportable aux personnes qui n'y sont pas accoutumées.

L'homme du peuple boit dans toutes les occasions et à toutes les heures de la journée. Est-il gai et content, il va boire pour exalter sa joie. A-t-il quelque sujet de chagrin ou de désespoir, il va boire pour se consoler. Lorsqu'il a reçu la bastonnade, il se croit au comble du malheur, s'il ne peut pas aller noyer son chagrin dans un pot. Mais a-t-il quelques kopecks dans sa poche, il court, le dos encore tout meurtri des coups qu'il vient de recevoir, dans le cabaret le plus proche, dépose sans mot dire son argent sur le comptoir, avale la liqueur tout

d'un trait; pousse de la gorge un gros soupir convul-
sif, s'essuie les moustaches et continue son chemin.
Le voilà consolé : il ne sent plus les coups de bâton ;
mais il n'est plus bon à rien ; ses jambes refusent de le
porter, et il se laisse tomber dans le premier coin.

C'est particulièrement les jours de fête que le peuple
russe se livre à son goût immodéré pour les boissons
spiritueuses. Il n'est pas rare, lors d'une grande solennité, pendant l'âpre saison, de voir emporter des
hommes que le froid a saisis et glacés. Ces scènes sont
surtout très-fréquentes dans les villes, et les écoles
d'anatomie de Saint-Pétersbourg et de Moscou ne sont
pas embarrassées, pendant l'hiver, de se procurer des
sujets pour la dissection. Sous le règne de Catherine II,
un particulier qui s'était enrichi dans la ferme des eaux-
de-vie, crut devoir, dans un jardin public, donner un
banquet à la populace de Saint-Pétersbourg, pour lui
témoigner sa reconnaissance des bénéfices immenses
qu'elle lui avait procurés. Tous les convives burent à
discrétion, et un grand nombre étant tombés sous la
table, y restèrent gelés. Lorsque la fête fut finie, on
eût pu se croire au milieu d'un champ de bataille, en
voyant emporter des centaines de morts et de mourants. Un statisticien, d'après des calculs qui paraissent faits avec soin et exactitude, a évalué à deux cent
mille par an, sur toute l'étendue de l'empire, le nombre
des décès produits par la funeste passion des liqueurs
fortes.

Un des passe-temps favoris, une des jouissances et des consolations les plus ordinaires de l'homme du peuple, c'est de dormir. Il dort dès qu'il cesse d'agir. Le Russe n'a pas besoin de lit pour se livrer au sommeil : le plancher, la terre, la glace, tout peut lui servir de matelas. On ne saurait attribuer cette habitude de dormir, qui est de tous les instants et de tous les états, qu'à l'absence de sensations et à la privation des plaisirs de la société, surtout dans les campagnes. C'est aussi à l'absence de sensations qu'on peut attribuer son goût très-vif pour tous les jeux et exercices violents, qui, tout en lui offrant des dangers, ont l'avantage de l'arracher, par les secousses que subit son organisation physique et morale, à l'espèce de léthargie à laquelle il est condamné par son climat, ses institutions, enfin par ses habitudes et la difficulté des communications et des rapports sociaux. Ses amusements les plus ordinaires sont, en été, différents jeux de balançoire, d'escarpolette; et en hiver, les montagnes de glace, les traîneaux.

Les gens de la campagne sont passionnés pour la danse. Celle des paysans est une espèce de danse de caractère qui consiste à pirouetter sur la plante des pieds et à piétiner sans beaucoup changer de place. Les épaules, les hanches et les bras sont dans un mouvement continuel. Cette danse s'exécute au son d'une sorte de guitare appelée *balaleïka*, à deux ou trois cordes, et ayant un manche très-long. Les spectateurs accompagnent l'instrument de la voix, ou en sifflant, ce qui forme une musique aussi singulière que bruyante et animée; mais qui n'a rien de discordant, et qui n'est pas sans un certain charme.

Le peuple russe est naturellement musicien; et cela se conçoit facilement. Les peuples qui ont le plus de justesse dans l'oreille et le plus de goût pour le chant et pour la musique en général, sont ceux dont la langue offre le plus de douceur et d'harmonie, parce qu'alors ces langues se chantent plutôt qu'elles ne se parlent.

L'oreille fréquemment exercée s'habitue à ne vouloir que des sons et des inflexions justes, comme la main s'accoutume à tracer des lignes droites. On peut donc dire avec vérité que si les sons forment l'ouïe et lui donnent de la justesse, l'ouïe à son tour forme le musicien. Entendez parler une Italienne ou une Russe; elle varie et cadence les inflexions de sa voix; son langage est une espèce de récitatif qui flatte et captive l'oreille... Mais, objectera-t on peut-être, les Allemands sont nés musiciens, et cependant leur langue a beaucoup de dureté. Oui, si on la juge par l'accent dur et étrange des Alsaciens, des Hambourgeois et des habitants d'une partie du midi de l'Allemagne; mais qu'on l'écoute moduler par la bouche d'un Saxon, d'un Livonien ou d'un Russe, ou qu'on l'entende chanter à l'opéra de Dresde et de Vienne, et on reconnaîtra que cette langue est véritablement harmonieuse et musicale.

Il n'est donc pas étonnant que le peuple russe, avec une langue aussi chantante, soit un des plus musiciens de l'Europe.

Le Russe a des chants particuliers pour peindre les principaux événements de la vie, et pour exprimer toutes les passions : pour la naissance, le mariage et la mort, pour le travail et le repos, pour la joie et la tristesse. Dans les temples, comme dans les salles de danse, on l'entend chanter en partie avec une justesse qu'on n'obtient pas toujours de nos choristes de l'Opéra. De même que les Italiens, jamais les Russes ne chantent à l'unisson, et l'on est étonné que des gens qui n'ont jamais entendu nommer une note de musique, improvisent avec autant de facilité et de naturel les diverses parties d'un chant.

Je n'ai connu que les paysans russes des gouvernements de Saratof, de Tambof et de Kherson, c'est-à-dire de la partie méridionale de l'empire russe; mais ce que j'en ai dit peut se rapporter également au reste de l'empire; car, ainsi que l'a judicieusement remarqué un académicien russe, M. Tooke, le peuple russe, malgré sa dispersion sur la vaste étendue de l'empire, la diversité des pays, des climats et du sol, a conservé intégralement son caractère national. En effet, et ceci m'a été confirmé par M. de Marcilly, qui avait visité la Russie dans toutes ses parties, et par beaucoup d'autres voyageurs, on trouve chez cette nation, relativement aux personnes, aux mœurs, aux usages,

aux coutumes, beaucoup plus de rapports même pour
la langue qu'il n'en existe chez les individus des plus
petits États. Les Russes de Novogorod, d'Astrakan,
d'Arkhangel, de Tobolsk, de Jacoutsk, diffèrent moins
entre eux que les Allemands des différents cercles, que
les Français des différentes provinces. M. Tooke attribue
cette immobilité de caractère et d'habitudes à plusieurs
causes, parmi lesquelles figurent en première ligne leur
manière de vivre simple et uniforme, le calme de leur
esprit exempt d'inquiétudes, l'unité de religion et la
même nourriture. Mais dans l'énumération de ces causes
le savant académicien a omis la plus essentielle et la plus
puissante, l'esclavage, qui a jeté dans le même moule,
mis au même niveau et réduit aux mêmes formes les
habitants d'un pays qui a plus de trois mille lieues de
longueur. Nous allons examiner cette institution telle
qu'elle existe en Russie, et nous verrons quelle influence
funeste elle exerce et sur les esclaves et sur les maîtres
eux-mêmes.

CHAPITRE X

De l'esclavage en Russie. — Époque de son établissement légal. — Nature du servage. — Excès auxquels sont exposés les serfs ou esclaves. — Nombre des esclaves en Russie. — Par qui les esclaves peuvent être possédés. — L'*obrock* — L'obrock en nature, l'obrock en argent. — Corrections infligées aux esclaves. — Manière dont elles s'exécutent. — Inutilité des prescriptions de la loi pour s'opposer aux excès de cruauté du maître. — Défense aux serfs de porter plainte contre leurs seigneurs. — Le *knout*. — Les *battogues*.

Tout ce que j'ai raconté jusqu'ici de la vie du serf russe et de l'homme du peuple, sauf quelques traits un peu sombres, n'a pas dû paraître fort extraordinaire, et plus d'un lecteur en a peut-être conclu que la condition des paysans moscovites n'était pas beaucoup plus misérable que celle d'un grand nombre de paysans français. Mais je n'ai présenté jusqu'à présent qu'une partie du tableau; il me reste à le compléter, et alors on pourra se former une idée à peu près exacte de la condition réservée aux trois quarts de la nation russe.

Il y a environ deux cent cinquante ans que l'esclavage a revêtu en Russie un caractère légal. Il date du règne de Boris Goudounof. Depuis cette époque, l'institution

est restée stationnaire, et elle est la pierre fondamental
de l'empire russe. C'est la raison d'être, la condition
sine qua non du gouvernement moscovite tel qu'il es
organisé. Supprimez le servage, et aussitôt la Russi
change de face : tout subit une transformation profonde
et la révolution atteint forcément le pouvoir lui-même
Aussi nous ne croyons nullement à l'intention qu'on
a bénévolement prêtée à l'empereur Alexandre, et plu
tard à son frère Nicolas, d'abolir l'esclavage dans leur
États; tout ce qu'ont pu faire ces souverains, et ce qu'il
ont fait, ç'a été d'entourer cette institution de certaine
garanties destinées à en adoucir les rigueurs. Encor
ces actes, émanés de la volonté impériale, sont plutô
faits pour éblouir les étrangers que pour apporter un
remède efficace aux abus. En effet, le sort du ser
n'en est pas moins aujourd'hui, comme à l'origine, à
la merci du seigneur; si les abus sont réputés moin
monstrueux, moins fréquents, c'est au perfectionnement instinctif de la nature humaine, c'est à l'empir
d'une civilisation qui s'impose, malgré tous les obstacles
à quelques individualités privilégiées qu'il faut l'attribuer, et non à l'influence du code impérial. D'ailleurs
le seigneur russe n'a rien à redouter de ces lois, et nous
allons voir qu'il a toujours mille moyens de les éluder.

Jusque dans les premières années de ce siècle, on a
pu vendre les esclaves en Russie comme on vendait les
noirs dans les colonies avant l'abolition de la traite. Un
paysan se troquait, se donnait ou s'achetait ni plus ni

moins qu'une bête de somme. « Je ne pense pas, écrivait un voyageur à la fin du dernier siècle, que la vente des esclaves sur les carrefours du Sénégal ou sur les marchés des Antilles offre plus de scandale que celle qui se faisait à Saint-Pétersbourg même vers la fin du xviiie siècle, sous les auspices de l'Académie et sous les yeux de Catherine *le Grand,* de Catherine *le philosophe.* Le feuilleton de la gazette de cette capitale n'était rempli que de garçons et de filles à vendre. Tout individu pouvait en acheter (1). »

L'empereur Alexandre, voulant porter quelque adoucissement au triste sort de ces pauvres esclaves qui passaient de main en main, sans pouvoir jamais amasser

(1) Note communiquée par un Polonais en captivité à Pétersbourg, et insérée par M. le duc de Bassano dans un exemplaire du *Voyage de Clarke en Russie.* — Nous ferons remarquer, à l'occasion de ce rapprochement de la vente publique des esclaves et du règne d'une impératrice qui excitait l'admiration de Voltaire et des philosophes humanitaires de son école, qu'un jour cette même Catherine eut un singulier caprice : elle publia un ukase d'après lequel le mot *esclave* était rayé à tout jamais du vocabulaire russe. C'était sans doute un titre de plus qu'elle voulait se donner aux hommages des philosophes et des philanthropes de l'Occident. Des odes pompeuses célébrèrent cette haute magnanimité. Et pendant ce temps-là le feuilleton de la *Gazette de Pétersbourg* n'en continuait pas moins l'annonce des jeunes garçons et des jeunes filles à vendre, et, pour comble de mystification, tandis que la *magnanime* Catherine supprimait par un ukase le mot de la langue, elle étendait la chose, par un autre ukase, à toute une autre partie de son empire qui l'avait ignorée jusque alors. On sait, en effet, que ce n'est que du règne de cette impératrice que les paysans de la petite Russie sont réduits à la condition de serfs. — Léouzon Leduc, *La Russie contemporaine,* 2e édition, p. 264.

le moindre capital, publia un ukase qui interdisait la
vente des paysans sans le sol sur lequel ils vivent. La
même ordonnance défendait aux seigneurs d'infliger des
châtiments corporels à leurs serfs sans un jugement
en forme, et de les marier sans leur consentement. Mais
ces charitables mesures étaient évidemment destinées à
n'être jamais qu'une lettre morte. Si la prohibition
relative à la vente est observée aux environs de Saint-
Pétersbourg, elle est ouvertement transgressée dans les
provinces. N'y a-t-il pas d'ailleurs cent moyens d'éluder
la loi? Sans recourir aux voies détournées, le propriétaire la viole ouvertement, directement, et nul ne
s'avise de lui demander compte de ce mépris de la
volonté impériale. Il est riche, il est puissant; il ne se
trouvera pas un seul fonctionnaire qui ose le dénoncer
au gouvernement. Il peut compter aussi sur le silence
de ses victimes, car une loi défend aux esclaves de se
plaindre de leurs maîtres, et celle-là est rigoureusement
observée. Il en est de même de tous les devoirs légaux
du maître envers son esclave. Il est, par exemple, tenu
de le nourrir; s'il s'y refuse, ou s'il le soumet à des
traitements par trop révoltants, ses propriétés peuvent
être placées sous la direction d'un conseil présidé par le
maréchal de la noblesse du gouvernement où elles sont
situées. Mais ces faits ne peuvent être dénoncés que par
un commissaire impérial, et ce fonctionnaire, comme
nous l'avons dit, ne l'oserait pas. Ainsi, il est parfaitement libre de laisser son serf mourir de faim, et de le

faire expirer dans les tortures les plus atroces. Si par hasard sa conduite est signalée aux ministres et à la haute police, il est d'avance certain que quelques poignées de roubles le mettront à l'abri du châtiment qu'il mérite. Le danger ne serait réel pour lui que s'il avait encouru le déplaisir de quelque haut fonctionnaire qui chercherait à se venger.

Ainsi cette prétendue atténuation des abus du servage, dont se félicitent les Russes contemporains, n'est en réalité qu'une monstrueuse imposture. Quelles étaient donc les horreurs d'autrefois, pour que l'on regarde celles qui se commettent aujourd'hui comme un adoucissement? N'est-ce donc rien de battre à coups de verge ou de bâton, ou de faire battre, pour la plus légère faute, des créatures humaines; d'abuser à son gré de l'honneur des femmes et des filles; d'arracher, sous prétexte d'*intérêt*, l'époux à son épouse, l'enfant à sa mère; de transporter des hommes d'une terre dans une autre terre comme un vil bétail; de les écraser d'injustes corvées; de les dépouiller du champ qu'ils ont cultivé ou de l'argent qu'ils ont gagné; de faire exiler en Sibérie des sujets que l'on ne peut nourrir? N'est-ce donc rien, en un mot, de traiter comme des brutes des êtres raisonnables, et de refuser de reconnaître en eux ce que Dieu lui-même y a mis : une intelligence et un cœur?

Voilà pourtant les effets du servage tels qu'ils se produisent de nos jours en Russie, tels que j'en ai vu

moi-même de nombreux exemples pendant mon séjour
dans ce pays, tels qu'en ont vu les nombreux voyageurs qui l'ont visité après moi.

La classe des serfs russes, vulgairement appelés
mougiks, dépasse de neuf à dix millions la population
de la France, et s'élève à plus du double de celle de
l'Angleterre. Somme toute, le nombre des serfs russes
peut s'évaluer au moins à quarante-cinq millions, c'est-
à-dire aux trois quarts de la population totale de
l'empire, évaluée à soixante millions d'âmes.

Par qui sont possédés ces quarante-cinq millions
d'esclaves? Un peu plus de moitié appartiennent à des
particuliers, et le reste à la couronne. Les serfs de la
couronne ne relèvent que du souverain, lui apparlien-
nent, et sont régis par un ministère spécial. Quoique
leur sort soit envié des autres mougiks, il s'en faut
bien, le plus souvent, qu'il soit plus heureux que le
leur. Le paysan de la couronne, quoique jouissant en
droit d'une plus grande somme de liberté que le serf
seigneurial, obéit en fait à une foule d'administrateurs,
de délégués du gouvernement, qui le pressurent, l'op-
priment, le volent et le battent impitoyablement. Si
donc il échappe à la tyrannie des boyards, il retombe
sous la férule des employés officiels; et, dans bien des
cas, il est loin de gagner au change. Du reste, il n'est
pas moins exposé que son voisin, le paysan seigneurial, à être envoyé en Sibérie, suivant le caprice de tel
ou tel fonctionnaire à qui il aura déplu.

Tout le monde n'a pas le droit de posséder des esclaves; ce privilége n'appartient qu'aux nobles pro- priétaires de terres. Les paysans des seigneurs sont soumis à des impôts de diverses natures. Ils payent d'abord au gouvernement un *obrock*, ou redevance annuelle, de 8 à 10 roubles; puis à leur maître une contribution énorme, puisqu'elle consiste dans l'aban- don de la moitié de leur temps. Ils sont en outre obligés de faire toutes les corvées que le seigneur exige d'eux. C'est aussi parmi eux qu'on choisit les domestiques palefreniers, cuisiniers, enfin toute la valetaille des hôtels et des châteaux, ce qui augmente le travail de ceux qui restent chargés de la culture des terres; de sorte qu'il ne reste guère de temps à chacun pour cul- tiver les quelques arpents accordés par le maître, pour en percevoir les produits destinés à sa nourriture et à son entretien, ainsi qu'à ceux de sa famille.

Quelquefois la redevance ou l'obrock dû au seigneur, au lieu d'être payé en travail, est payé en argent. La fixation de l'obrock en argent est arbitraire; elle varie avec le nombre de serfs et la richesse des sei- gneurs.

Les serfs qui paient l'obrock en argent, s'ils habitent les terres du seigneur, n'en sont pas moins obligés à une certaine prestation annuelle qu'ils doivent acquitter en travail à son profit. Mais le plus souvent les serfs qui sont soumis à l'obrock en argent obtiennent un passeport pour aller faire le commerce ou tout autre métier dans

les villes. On sait que, parmi eux, il en est qui réalisent
des fortunes colossales; mais ces fortunes amassées au
prix de leurs privations, de leur travail et de leur intelligence, appartiennent à leurs maîtres, qui peuvent les
en dépouiller quand bon leur semble. Quelques-uns de
ces serfs enrichis ont racheté leur liberté en payant
des sommes énormes; mais bon nombre de maîtres
refusent obstinément de les affranchir à quelque prix
que ce soit. On cite une famille aristocratique qui
possède la moitié des marchands de fruits de Saint-
Pétersbourg. Il lui plait de commander à cette foule
de petits commerçants; et son orgueil ne consentira
jamais, à moins de ruine totale, à vendre à ces pauvres
gens leur liberté. Cette difficulté d'arriver à l'indépendance n'est pas le seul inconvénient de la condition de
ces malheureux; ils ont en outre la perspective d'être
dépouillés en un seul jour des richesses qu'ils ont accu-
mulées pendant vingt ou trente ans d'un travail opiniâtre. Aussi la plupart ont-ils la précaution d'enfouir
dans la terre, ou de cacher de toute autre façon, leur
trésor incessamment menacé. De là une perte réelle et
assez considérable pour la circulation monétaire, pour
l'industrie et le commerce.

Mais ce n'est pas seulement sur les biens extérieurs
des serfs que s'exerce le droit du seigneur; il est encore
le maître absolu de leur corps et de leur âme. Le serf
russe ne peut rien vouloir, rien décider, je dirais presque
rien penser par lui-même. Instrument passif entre les

mains de son seigneur, il lui doit une obéissance sans réserve. La loi ne cite que deux cas où cette obéissance cesse d'être obligatoire, où même elle serait imputée à crime : ce sont les cas où le seigneur voudrait entraîner son serf à conspirer contre le gouvernement, ou à dissimuler, lors du recensement officiel, le nombre des habitants sujets à l'impôt établi dans ses propriétés. En dehors de ces deux cas, le serf retombe pleinement et sans merci sous la loi de celui auquel il appartient.

Pour arriver à plier ses serfs sous sa volonté, le seigneur russe est autorisé par la loi à employer tous les moyens qu'il juge convenables. Il peut multiplier leurs corvées, augmenter le chiffre de leurs redevances; mais l'argument qu'il emploie le plus habituellement et sur lequel il compte le plus, c'est le fouet ou le bâton. Un proverbe russe dit : « Un homme battu en vaut deux ; » et ce proverbe est toujours présent à l'esprit d'un maître de serfs.

La punition des esclaves varie suivant l'humeur et le caractère du maître ou de celui qui le représente. Elle est plus souvent proportionnée à la sévérité de celui qui l'inflige ou qui l'ordonne. Les corrections ordinaires sont des coups de bâtons, de courroies ou de baguettes, appliqués sur le dos ou sur le derrière. Femmes, enfants, vieillards sont aussi exposés que les hommes faits à ces châtiments ignominieux et souvent cruels. J'ai vu donner des coups de bâton pour un vol comme pour une salière renversée (ce dernier crime est le plus souvent irrémissible, suivant les préjugés des Russes, qui regardent cet événement comme le pronostic d'un grand malheur), pour l'ivrognerie comme pour une légère désobéissance, pour un poulet mal rôti comme pour un potage trop salé.

Le lieu de l'exécution est ordinairement une écurie ou un endroit éloigné, afin que les cris du patient n'incommodent pas les maîtres de la maison. C'est l'intendant (*oupravitel*) qui préside à la correction, quand le maître ne veut pas s'en donner la peine. Le coupable, ou l'homme présumé tel, jette son habit, ne conserve que sa chemise, et se couche sur le ventre. Un homme, mais plus souvent deux, armés de bâtons, se placent de côté et frappent à tour de bras, comme des tapissiers sur un matelas. L'esclave pousse des cris perçants, demande pardon, jure de ne plus commettre la faute qu'on lui reproche. L'intendant crie : « Plus « fort! plus fort! » et si celui qui frappe ralentit ses coups par humanité ou par l'intérêt qu'il porte à la victime, on le menace de le mettre à sa place. Quand le supplice est terminé, le patient se rhabille, ou on lui aide à s'habiller, et va s'étendre sur son grabat, où souvent il reste plusieurs jours sans pouvoir bouger. S'il y a plusieurs coupables, les battants deviennent les battus, et ils se passent le bâton à tour de rôle.

Quelquefois, c'est l'ami qui est condamné à battre son ami, le parent son parent. Le dirai-je! on a vu le fils condamné à battre son père.... Et c'est à tant d'atrocités, à cette violation des lois divines et humaines que peut conduire le régime de l'esclavage.

Si le mougik qui a encouru une punition n'est pas un des domestiques de la maison, le maître charge un de ses laquais d'aller dans sa cabane lui administrer la bastonnade; le valet va saisir le paysan au milieu de sa famille; c'est quelquefois le doyen de la communauté, un patriarche à barbe blanche : peu importe. L'exécuteur lui ordonne de jeter bas ses vêtements, de se mettre à genoux devant lui; puis, en présence de sa femme et de ses enfants, il le frappe d'un bras vigoureux à coups de fouet ou de bâton. Le supplice terminé, il faut que le vieillard martyrisé aille baiser la main du maître et l'assurer de sa profonde soumission. Il est tel paysan qui a vu frapper ainsi sous ses yeux sa femme, ou son jeune fils, ou sa fille nubile. Malheur à lui, si le moindre signe d'émotion ou de colère avait paru sur son visage!

Et que l'on ne croie pas que les faits que je viens de raconter arrivent rarement; c'est au contraire ce qui se passe tous les jours, et les Russes y sont tellement habitués, qu'ils n'y font pas attention. Pour moi, je cherchais autant que possible à ne pas être témoin de ces cruelles exécutions; mais elles sont si fréquentes, surtout dans les campagnes, que malgré mes précautions il m'était impossible de n'avoir pas tous les jours les oreilles déchirées par les cris des malheureuses victimes de l'arbitraire le plus inhumain. Ces cris perçants me

poursuivaient jusque dans mon sommeil, et me faisaie
prendre en horreur un pays où régnait tant de barbari

Je n'ai fait encore une fois que raconter ce qui a lie
journellement, même dans les domaines dont le maître
comme M. de Golbinskof, est renommé pour sa douce
et son humanité : que serait-ce si je parlais des excès
bizarre férocité auxquels peut se porter le ressentime
d'un maître qui tient en son pouvoir et les biens, et
famille, et l'honneur, et l'existence même de ses sem
blables? Ma plume se refuse à retracer tant d'horreur
et mon lecteur me saura gré de lui en faire grâce.

Mais la loi, dira-t-on, la loi n'a-t elle rien à oppos
à tant de cruauté? Rien. Je me trompe, la loi dit qu
tout propriétaire qui aura infligé à un serf un châti
ment corporel suivi de mort, sera traduit en justice
si cette mort arrive dans les *trois jours* à dater cel
du châtiment. Au delà de ce terme, la mort est réputé
naturelle, et le bourreau amnistié. Dérision amère! ca
enfin, avant de tuer un homme dans les trois jours, d
quelles souffrances inouïes ne peut-on pas l'accabler?

Mais supposons que le serf bâtonné succombe dans
délai légal, croit-on sérieusement que le seigneur ser
puni? Ou le meurtre restera ignoré, ce qui arrive neu
fois sur dix, et alors la justice se taira; ou il sera, pa
extraordinaire, dénoncé, et la justice ordonnera un
enquête, qui consistera à charger un médecin de con
stater la mort et la cause de la mort de la victime. C
médecin, attaché au tribunal, n'est pas plus que le

juges eux-mêmes et que tous les fonctionnaires russes inaccessible à la corruption; aussi ne manque-t-il presque jamais d'attribuer la mort du serf à une attaque d'apoplexie. On cite un seigneur, coutumier du fait, qui avait baptisé un de ses fouets les plus meurtriers, *apoplexie !*

Ce n'est pas seulement dans les moyens de corruption que le seigneur russe est assuré de trouver l'impunité de son crime; la loi a soin de lui en ménager encore d'autres plus immédiats et plus efficaces. C'est, en effet, par une hypothèse toute gratuite que j'ai supposé le meurtre dénoncé; il faudrait pour cela qu'il eût eu pour témoins d'autres gens que les serfs mêmes du meurtrier, ce qui est excessivement rare, ces sortes d'exécutions s'accomplissant toujours loin des regards étrangers. Or, ses serfs, il ne les craint pas, car ils ne peuvent ni le dénoncer, ni témoigner contre lui.

Oui, telle est la loi : « Si un serf, dit le *svod* (code des lois russes), s'écartant de l'obéissance et du respect qu'il doit à son seigneur, présente contre lui une dénonciation, à plus forte raison s'il adresse cette dénonciation directement à Sa Majesté l'empereur, il est livré, de même que l'écrivain dont il s'est servi pour rédiger sa supplique, à la justice des tribunaux, et traité suivant toute la rigueur des lois. » Par ces rigueurs on entend la peine du *knout* ou des *battogues*, et l'exil en Sibérie.

Par une de ces cruelles dérisions si fréquentes dans

la législation de ce pays, la peine de mort est abolie
Russie; elle est remplacée par le supplice du knout
des battogues, suivi de l'exil en Sibérie, quand le patie
n'a pas succombé à l'une ou à l'autre de ces cruel
tortures.

Ces peines ne peuvent être prononcées que par
tribunaux civils ou militaires, et pour toutes sortes
délits; seulement le nombre de coups varie selon la gr
vité de la faute. Quand le criminel a mérité la mort,
ne prononce pas ce mot dans la sentence, car la loi
défend, mais on le condamne à recevoir un nombre
coups de knout ou de battogues qui doit nécessaireme
occasionner la mort.

Le knout est une lanière de cuir épais, taillée tria
gulairement et longue de trois à quatre mètres, lar
d'un pouce, s'amincissant par une extrémité et term
née carrément par l'autre; le petit bout est fixé à
petit manche de bois d'environ deux pieds. Le patie
est amené à moitié nu à l'endroit désigné pour ce gen
d'exécution; un simple caleçon de toile lui couvre l'e
trémité inférieure du corps. Il est couché à plat vent.
sur un chevalet incliné diagonalement, et aux extr
mités duquel sont fixés des anneaux de fer. Par
bout les mains y sont fixées, et par l'autre les pied
Puis le patient est *tendu* de manière qu'il ne puisse fai
aucun mouvement, ainsi qu'on tend une peau d'anguil
pour la faire sécher.

Au signal donné, l'exécuteur, placé à quinze ou ving

pas de là, s'avance le corps courbé, traînant à deux
mains entre les jambes la longue lanière du knout.
Arrivé à trois ou quatre pas du patient, il relève vigou-
reusement le knout vers le sommet de la tête en le rabat-
tant aussitôt avec rapidité vers ses genoux. La lanière
voltige dans l'air, siffle, s'abat et enlace le corps du
patient comme un cercle de fer. Malgré son état de
tension, le patient bondit comme sous les étreintes puis-
santes du galvanisme. L'exécuteur retourne sur ses pas,
lentement, méthodiquement, comme un soldat à l'exer-
cice, et il recommence la même manœuvre autant de
fois qu'il y a de coups à appliquer au condamné. Quand
la lanière enveloppe le corps par ses sangles, la chair et
les muscles sont littéralement tranchés par rondelles
comme avec un rasoir; mais si elle tombe sur le plat des
deux angles, alors les os craquent; la chair n'est pas
hachée, mais elle est broyée, écrasée, le sang jaillit de
toutes parts; le patient devient vert et bleu, comme un
cadavre en putréfaction. Dans les cas où le nombre des
coups ne doit pas aller jusqu'à la mort, quand le patient
a subi sa peine, il est porté à l'hôpital, où tous les
soins lui sont donnés, et on l'envoie ensuite en Sibérie, où il disparaît pour jamais dans les entrailles de la
terre.

Le knout est mortel, selon la volonté de la justice du
czar ou du bourreau. Quand un homme est condamné à
cinquante ou à cent coups de knout, ce qui équivaut à
son arrêt de mort, le bourreau peut à son gré prolon-

ger les souffrances du patient en ne donnant le coup
mortel que le dernier. Mais si la famille du malheureux
veut abréger son supplice, elle le peut en achetant au
poids de l'or la pitié du bourreau ; alors du premier
coup celui-ci donne la mort avec autant de certitude que
s'il tenait une hache à la main.

Quant aux battogues, c'est le supplice des verges ;
mais comme il n'est guère applicable qu'aux délits
militaires et exécuté par des soldats, nous n'en parlerons
pas ici avec autant de détails. Nous dirons seulement que
ce supplice, usité autrefois dans les armées de presque
toute l'Europe, a pris en Russie un caractère qu'il
n'a jamais eu ailleurs. Ainsi on ne condamne jamais un
homme à moins de six mille coups de verges ; et encore
ce nombre n'est pas la somme la plus élevée que la loi
permette d'appliquer aux criminels, mais c'est le chiffre
le plus usité, et ici encore la législation s'est montrée
ingénieuse. Moins de mille coups suffisent et au delà
pour donner la mort ; avec six mille la mort est six fois
certaine.

Et les Russes n'ont pas honte de se vanter, comme
une preuve de leur avancement en civilisation, de ce
que la peine capitale est abolie de leur code !

Nous venons de voir ce qu'est l'esclavage en Russie ;
il nous reste à dire un mot de l'influence que cette
institution exerce sur les esclaves et sur les maîtres
eux-mêmes.

CHAPITRE XI

Le meilleur parti que le serf russe ait à prendre pour s'accommoder de son état, c'est de dépouiller tout sentiment humain, et de se rapprocher autant que possible de la brute. C'est là en effet ce qui a lieu généralement, et le premier effet de l'esclavage est de dégrader l'homme, l'image de Dieu, et de le rendre l'égal des animaux privés de raison et de sentiment.

Cependant il arrive des moments où l'oppression dont il est victime soulève dans l'âme du serf lui-même d'effroyables tempêtes. Alors sa vengeance éclate, lugubre, impitoyable; l'esclave déchaîné se repait à son tour de larmes et de sang. Chaque année des faits de ce genre viennent désoler le sol moscovite. Mais le plus profond mystère les enveloppe; et, à moins que

l'on ne passe sur les lieux du sinistre, on n'en apprendra
rien.

Le paysan russe est certes d'une mansuétude et d'une
patience sans égales; mais quand il est enfin poussé à
bout, cette mansuétude se change en rage, cette
patience en impétueux délire; ce n'est plus l'homme
qui se montre en lui, c'est la bête féroce. Et c'est là
l'effet naturel de l'esclavage. Quand une institution ne
s'empare des créatures que pour les abrutir systémati-
quement, on voit fatalement s'user en elles tout ce
qu'elles ont d'humain. Tel est aussi le phénomène
normal qui se produit chez le serf russe à toutes les
phases de sa vie. Comme il n'est maître de rien, comme
il n'est libre de rien, il ne tient à rien, ni à sa femme,
ni à sa fille, qu'un caprice de son maître peut insolem-
ment lui ravir; ni à son champ, que le même caprice
peut rattacher inopinément au domaine seigneurial; ni
à son pays, où il n'est planté que pour souffrir. Dans
son âme tout est confusion et ténèbres; il ne sait ce qui
est bien ou mal, vertu ou vice; patrie, famille ne sont
pour lui que des mots vides de sens. Sans doute il y a
des exceptions à ces misères; mais le principe qui les
produit n'en existe pas moins, et les exceptions ne
servent qu'à en faire mieux ressortir les fatales consé-
quences.

Mais c'est assez nous occuper des effets de l'esclavage
sur ceux qui le subissent; voyons son influence sur les
maîtres eux-mêmes.

Dès que le fils d'un riche seigneur est venu au monde, on le confie à une nourrice et à une bonne esclaves, qui, pour se l'attacher et faire leur cour aux parents, disputeront à qui flattera le mieux ses goûts et ses caprices. Rien ne leur coûtera pour se rendre à la fois nécessaires et agréables. Dès qu'il pourra parler, dès que son intelligence commencera à s'ouvrir, elles ne cesseront de lui répéter à tout propos : Ces maisons, ces richesses, ces esclaves, tout est à toi. Qu'arrive- t-il plus tard? L'enfant commande en despote; il est sûr d'être obéi, puisqu'il commande à un esclave. Rencontre-t-il quelque opposition, il entre en fureur, pousse des cris, et l'on finit par céder. Revient-il à la charge, les parents accourent, grondent et souvent maltraitent la domestique. Une autre fois l'enfant aura recours au mensonge pour se venger de celle qui aura provoqué sa mauvaise humeur. C'est un combat perpétuel entre la méchanceté d'une part et la bassesse de l'autre. Ainsi l'esclavage empoisonne le cœur de l'enfant et le dispose à l'ingratitude, à l'injustice, à la cruauté et au mépris de l'espèce humaine. S'il avilit l'âme de celui qui obéit, il corrompt le cœur de celui qui commande : il y a compensation. Le malheur du maître et le châtiment de l'esclave commencent et finissent avec la vie.

Vers l'âge de six à sept ans, on prend un instituteur étranger (*outchitel*) pour former le cœur et l'esprit de l'enfant. Le plus souvent on traite cet instituteur

comme un homme à gages, ou, si l'on veut, comme le
premier domestique de la maison. On s'amuse de ses
ridicules vrais ou supposés; on parle avec haine et
mépris de la nation et de l'état auxquels il appartient.
Ce manque d'égards est le plus grand sujet de tourment
pour l'instituteur, comme il est le plus sûr moyen de
paralyser son zèle et les efforts de son ministère. Quelque
active, quelque éclairée que soit sa surveillance, elle
ne mettra pas l'élève à l'abri des mauvais exemples, ni
des propos dangereux auxquels il est exposé sans cesse
soit par le fait des parents, soit par les serviles com-
plaisances des jeunes esclaves dont il est entouré. On
peut dire d'un enfant russe ce qu'on a dit de sa
nation en général, que c'est un fruit pourri avant sa
maturité.

Arrivé à l'époque critique de l'éveil des passions,
que de dangers un jeune Russe n'a-t-il pas à courir pour
ses mœurs, sa santé et ses succès futurs! Je n'insiste
pas, et chacun comprendra combien la docilité, la
soumission empressée et prévenante des esclaves des
deux sexes qui l'entourent, hâteront en lui l'œuvre de
la corruption.

L'éducation des jeunes personnes de famille est beaucoup plus réservée et plus soignée que celle des jeunes
gens. Aussi les femmes en Russie ont-elles en général
beaucoup plus d'instruction que les hommes; elles se
distinguent en outre par plus de générosité, de compassion pour les malheureux; leur cœur est accessible aux

douces émotions de la pitié, et j'ai dit ailleurs quelles
preuves délicates et touchantes les prisonniers français
en avaient reçues. Eh bien! croirait-on que ces mêmes
personnes, que la nature et l'éducation ont douées d'une
exquise sensibilité, envisagent le plus stoïquement, le
plus indifféremment possible, les supplices infligés aux
esclaves? Je vais reproduire à ce sujet des notes que
m'a communiquées M. de Marcilly, et qu'il avait recueil-
lies, en leur conservant la forme dialoguée, immédiatement après la conversation à laquelle il avait assisté.
Ces notes jetteront un peu de diversité sur un si triste
sujet, et si elles ne rendent pas le tableau plus gai, au
moins elles le rendront moins sombre. La première
scène se passe à Moscou entre Mme de Nérikoff, Mme de
Litowski, sa belle-sœur, et la princesse G.....

Je me trouvais, dit M. de Marcilly, dans le petit
salon de Mme la générale de Nérikoff, occupée à copier
une pièce de vers pour Mme de Litowski, sa belle-
sœur, qui était présente, lorsque la princesse G.....
arriva.

Après les premiers compliments d'usage : « Votre
chapeau est divin! » s'écria Mme de Nérikoff en regar-
dant la princesse.

Mme DE LITOWSKI. — Il vous va à ravir, et jamais je
ne vous ai vue si séduisante.

Mme LA PRINCESSE G..... — Il a été fait à Pétersbourg,
d'après le dernier modèle et la dernière poupée arrivés

de Paris. Mais qu'entends-je? quels cris effroyables!...

Mme DE NÉRIKOFF. — Ce n'est rien : c'est un homme qu'on châtie. Ce coquin de cuisinier! voilà deux jours de suite qu'il manque le rôti.

LA PRINCESSE G..... — Avant de venir, j'ai fait donner cinquante coups de bâton à une de mes femmes de chambre, qui avait fait une tache à ma robe.

Mme DE LITOWSKI. — L'autre jour j'ai ri comme une folle. Mon mari avait fait fustiger une de mes filles de cuisine. En se relevant, elle a rajusté le mouchoir qui était attaché autour de sa tête, et a dit en termes très-énergiques à ceux qui l'avaient rossée : « Vous êtes de vilains... magots; voyez un peu comme vous m'avez arrangée. »

LA PRINCESSE G..... — Vous avez sans doute vu cette jolie petite Allemande de quinze ans; eh bien! il y a quelque temps que je la fis fouetter d'une vigoureuse manière; puis j'ai ordonné qu'après l'opération on la tondit comme un soldat.

(Pendant ce colloque, les cris que l'on entendait du fond de la cour redoublent et interrompent les interlocutrices. Mme de Nérikoff sonne et commande au domestique qui se présente qu'on aille châtier le cuisinier dans l'arrière-cour, et surtout qu'on ne le ménage pas, pour lui apprendre à crier comme un homme qu'on écorche. Puis la conversation reprend paisiblement son cours).

Mme DE LITOWSKI. — Princesse, pour en revenir à
votre petite Allemande, à qui j'ai trouvé une figure
charmante, vous avez donc eu le courage de faire
tomber cette chevelure blonde que j'ai tant admirée?
Battre, c'est dans l'ordre; mais tondre de jolis cheveux
de quinze ans, cela est inhumain.

LA PRINCESSE G..... — Vous avez raison : la jeune
fille en a été tellement affligée, qu'elle eût accepté dix
châtiments pareils à celui qu'elle venait de subir, plutôt
que de sacrifier sa jolie chevelure. Où la coquetterie va-
t-elle se nicher !

Mme DE NÉRIKOFF. — Il faut avouer, Madame, qu'il
n'y a rien de si insipide que de commander soi-même
ces sortes d'exécutions : aussi, pour me débarrasser de
cet ennui, j'ai donné carte blanche à Ivan Ivanitch
(c'était son intendant) pour la direction de mes domestiques mâles, et à Mme Schneider pour celle de mes
femmes; ils s'en acquittent tous deux à merveille.

Mme DE LITOWSKI. — Mais, ma sœur, cette mesure
doit donner lieu à bien des réclamations.....

Mme DE NÉRIKOFF. — Oh! s'il fallait écouter les
plaintes, ce serait à n'en plus finir. J'ai défendu, sous
les peines les plus sévères, à mes gens de venir se
plaindre des personnes à qui j'ai donné ma confiance.

LA PRINCESSE G..... — Vous avez pris là un parti
très-sage. J'aurais bien voulu faire la même chose avec
Mme de Valcour, la gouvernante de mes enfants; elle se
sert de l'ascendant que lui donne mon amitié pour elle,

pour venir m'assassiner de plaintes, de demandes et de pardons.

Mme DE LITOWSKI. — Et vous le souffrez, princesse ?

LA PRINCESSE G..... — Il faut bien avoir quelque indulgence pour une personne qui n'a aucune idée des usages du pays et de la manière d'être de nos domestiques. Je ne cesse de lui dire : « Ma chère, vous vous y ferez, si vous voulez rester en Russie. Pour vous autres Français, tout être humain est votre semblable, et vous êtes tous frères et amis; mais pour nous, un esclave n'est pas un homme. » Leur célèbre Mirabeau avait bien raison lorsqu'il a dit que le Russe est malléable. En effet, on ne peut lui donner de forme qu'à force de coups ; et, comme l'a dit encore le fameux Montesquieu, il faut écorcher un Russe pour émouvoir sa sensibilité. Bien entendu qu'il ne parlait que de l'esclave.....

La conversation fut interrompue par Mme Schneider, qui vint prévenir Mme de Nérikoff qu'un peloton de fil fin qu'elle avait dans sa commode avait disparu, et que ce ne pouvait être que le fait d'un vol de la part des domestiques.

« Mal à propos vous venez m'interrompre dans ce moment, lui dit sa maîtresse d'un ton d'aigreur. Je vous l'ai dit une fois pour toutes : concertez-vous avec mon intendant pour prévenir ou réprimer jusqu'au moindre désordre dans ma maison. Prenez-vous-y de manière à découvrir l'auteur du vol dont vous vous plaignez, entendez-vous? et surtout point de ménagements. »

Mᵐᵉ DE LITOWSKI. — A propos, princesse, savez-vous la nouvelle du jour?

LA PRINCESSE G..... — De quoi s'agit-il?

Mᵐᵉ DE LITOWSKI. — Le comte D..... est parti hier pour Pétersbourg; on dit qu'il va solliciter son divorce afin d'épouser la princesse F....., qui certes est bien loin de valoir la comtesse.....

La conversation continua sur ce ton de légèreté et de médisance. Je n'eus pas le courage d'en entendre davantage, et je me retirai. On sera peut-être curieux de connaître la fin de l'aventure du peloton de fil, la voici.

Mᵐᵉ Schneider et l'intendant firent fouetter toutes les femmes et filles au service de la maison. Femmes de chambre, lingères, brodeuses, toutes furent battues pour les obliger d'avouer si elles étaient ou si elles connaissaient les auteurs du vol.

Châtiments aussi cruels qu'inutiles! Quelques jours après Mᵐᵉ Schneider retrouva son peloton de fil, qu'elle avait mis elle-même par mégarde dans une chiffonnière.

Voilà les gentillesses de l'esclavage.

Le prince Z..... aimait une des plus jolies esclaves de ses domaines. Par une exception bien rare en Russie,

et fort honorable pour le prince, il l'épousa légiti
mement à la face des autels et devant les ministres d
la loi.

Marpha, de simple bergère devenue princesse, s
montra toujours digne, par sa conduite et ses senti
ments, de la confiance et de l'estime de son ancie
maître; celui-ci, en revanche, ne cessa de s'applaudi
d'avoir sacrifié pour elle les espérances les plus bril
lantes. Bonne mère, épouse tendre et fidèle, elle conser
va, sous les dehors du luxe et de l'opulence, les qualité
les plus essentielles et les plus aimables, et une âme qu
jamais ne put altérer le souffle empoisonné du vice et d
la corruption.

A la mort de son mari, la princesse Z...., se trouvan
encore à la fleur de l'âge, se vit tout à coup à la tête d
trois mille paysans et de plus de cent mille francs d
rente. Le premier usage qu'elle fit de ses richesses fu
de procurer une honnête aisance aux auteurs de se
jours, qui avaient été affranchis à l'époque de son ma
riage; mais par une anomalie que je n'ai jamais pu con
cevoir, elle n'a pas songé à donner la liberté à ses frère
et sœurs, et à d'autres proches parents qui exploitaien
une de ses terres éloignées. Cependant elle leur témoi
gnait la plus vive affection; elle les faisait souvent veni
au château; là, renfermée dans le fond de son apparte
ment, elle se livrait avec un entier abandon aux douce
émotions qu'excitait leur présence, et les renvoyait com
blés de cadeaux et des plus touchantes preuves de sa

tendresse. Mais il ne paraît pas qu'il lui vint jamais à l'idée, ni à eux non plus, que le plus précieux présent qu'elle aurait pu leur faire eût été la liberté.

Souvent aussi, se rappelant que ses domestiques avaient été ses égaux, elle s'entretenait avec eux sur un ton de familiarité qui montrait que la richesse et le rang où elle avait été élevée ne lui avaient pas fait oublier sa première condition; mais ce qui prouverait que l'effet de la servitude est de dégrader les dispositions du naturel le plus heureux, c'est que Mme de Z....., qui oubliait si facilement et avec tant de plaisir le rôle de grande dame pour revenir aux habitudes et aux affections de son enfance, faisait châtier avec une sévérité excessive ces mêmes domestiques qu'elle avait traités un instant auparavant d'une manière si familière et si bienveillante.

Lui ayant manifesté un jour mon étonnement de ce qu'étant douée d'un cœur bon et sensible, elle pût infliger à ses gens de fortes punitions corporelles pour des fautes dignes à peine d'un léger reproche : « Vous ne connaissez pas notre peuple *noir* (expression dont les Russes se servent pour désigner les esclaves), me répondit-elle; il est paresseux, voleur, ingrat et rebelle. Feu Son Altesse, mon cher et respectable époux, m'a souvent répété ces mots, qui resteront éternellement gravés dans ma mémoire : « La sévérité est le seul moyen de conduire des esclaves, et de leur rappeler l'immense intervalle qui les sépare de la classe noble. Ce n'est qu'à force de coups

qu'on empêche qu'ils ne se révoltent pour nous égor
ger et se mettre à notre place. » La preuve que cel
réussit, c'est que moi qui ne suis pas née....., qu
ne suis qu'une femme dépourvue d'instruction et d
science (elle ne savait ni lire ni écrire), je gouvern
mes trois à quatre mille sujets sans que personne os
bouger. »

Un jour, j'eus la maladresse ou l'imprudence de lu
dire que les terres en France étaient mieux cultivée
qu'en Russie. Le lendemain, la princesse alla faire sa
tournée dans les champs qui environnaient le château
et ne manqua pas de faire distribuer des coups de bâto
à plusieurs cultivateurs qui eurent le malheur de se trouver sur son passage, en leur recommandant d'être plu
laborieux à l'avenir. Je la vis rentrer très-satisfaite
d'avoir su prouver à ses paysans qu'elle connaissait un
excellent moyen d'améliorer la culture de ses terres.
Onques depuis ne m'avisai de parler d'agriculture en
Russie, et je ne cessai de répéter en toute occasion que
les serfs russes travaillaient aussi bien qu'ils le pouvaient.

Ma mauvaise étoile me conduisit une autre fois dans
le voisinage d'une écurie où le régisseur avait l'habitude d'administrer des coups de bâton aux esclaves,
coupables ou soupçonnés de quelque délit domestique.
Soudain mon oreille est frappée des cris les plus
déchirants.

« Laissez-moi, s'écria une jeune fille....., je suis malade : vous ne pouvez pas me battre dans l'état où je suis.

— Je suis enceinte, disait une femme, et vous ne pouvez me frapper sans exposer la vie de l'enfant que je porte dans mon sein ....

— Je suis ici pour battre, et non pour écouter, répond le féroce régisseur d'une voix de tonnerre. S'il fallait les en croire, elles seraient toutes malades ou enceintes..... Allons..... dépêchons-nous..... » Et les cris et les coups d'aller leur train de plus belle.

Hors de moi-même, et saisi d'horreur et d'effroi, je m'enfuis de ce lieu fatal. Poursuivi par le cri perçant du désespoir et de la douleur, bientôt j'arrivai dans mon appartement. Là, en proie aux plus vives angoisses, je versai quelques larmes arrachées par l'indignation et la pitié. Les coudes appuyés sur ma table, et le visage couvert de mes deux mains, je n'avais pas aperçu la princesse, qui, ayant à me parler, était entrée sans que je l'eusse entendue et s'était approchée de moi.

« Eh mon Dieu! seriez-vous malade? me demanda-t-elle, avec le ton du plus vif intérêt. Qu'est-ce donc qui a pu vous mettre dans le cruel état où je vous vois?

— C'est vous, Madame, répondis-je.

— Comment m'aurait-il été possible de vous causer du chagrin?

— J'ai le cœur navré de l'affreux spectacle qui vient de s'offrir à mes yeux.

— De quel spectacle voulez-vous parler?

— Celui du supplice.....

— Et quel supplice?

— Celui de ces malheureuses femmes qu'on a tra
tées avec une cruauté dont je ne croyais pas qu'd
pût être capable.

-- Oh! ce n'est que cela! reprit en souriant la pri
cesse. Voilà bien du bruit pour quelques coups d
bâton. Il n'y a point de mal à battre un esclave; c'e
pour son bien, et en même temps pour notre sûreté; d
je n'ai jamais entendu dire que ce fût un péché de pun
un esclave. Vous serez fort étonné quand vous apprer
drez que c'est vous qui êtes cause de tout ce bea
tapage.

— Moi? m'écriai-je au comble de la surprise.

— Vous-même, continua Mme de Z..... Vous vous raj
pelez qu'avant-hier vous m'avez dit que vous aimiez beau
coup les fraises; j'ai voulu vous en régaler; et, comm
j'avais d'ailleurs besoin d'en faire confire pour la provi
sion de l'année, j'ai ordonné aux femmes de mon villag
d'aller en chercher dans le bois. Au lieu d'obéir, elle
sont allées, au nombre de quatre-vingts personnes, dan
ser à la fête du village voisin. J'ai voulu, de mon côté
les faire danser à ma manière. C'était un complot, un
révolte; il fallait arrêter le mal à sa source.

— Comment! m'écriai-je dans un transport d'indi
gnation que je ne cherchai point à contenir, comment
quatre-vingts malheureuses femmes auraient été impi

toyablement battues parce qu'il aurait manqué un plat de dessert à votre table! Je croyais que vous aviez de la religion; je n'ose plus le penser. Oui, si vous étiez persuadée qu'il existe un Dieu, vous sauriez que vous aurez un jour à répondre devant lui des traitements barbares infligés à ceux de vos semblables dont le sort vous a été confié. N'est-ce pas l'effet du hasard si vous êtes princesse, et si ces infortunés sont vos esclaves? Qu'auriez-vous dit si vous eussiez été à leur place, et que l'une d'elles se fût trouvée à la vôtre? »

Comme je parlais avec véhémence et que je gesticulais avec vivacité en proférant ces mots, la princesse fit signe au domestique qui était à la porte de s'approcher, et j'entendis qu'elle lui disait tout bas :

« Vaniouscha, tiens-toi là, et songe à défendre ta maîtresse. Tu le vois bien, notre pauvre Français a perdu la tête. »

Le domestique s'approche en levant les mains et en faisant *chut! chut!* Dans le trouble où j'étais, et pensant qu'il se disposait à mettre la main sur moi, je m'écrie avec colère :

« Retire-toi, misérable, sinon je frappe. »

Tout à coup, la princesse effrayée quitte la chambre, et je l'entends marcher avec précipitation dans la pièce voisine, en disant :

« Comment! un Français ose menacer une princesse russe, et parler de la battre! ô Dieu! quelle horreur! Qu'on me délivre de ce fou furieux..... »

Au bout d'un quart d'heure l'orage se calma peu à pe
et je m'aperçus que Mme de Z..... avait repris le cl
min de son appartement, suivie de son fidèle Vaniouscl

Revenu à moi-même, je ne pus m'empêcher de r
de cette scène burlesque. Je me disposais à faire mes p
paratifs de départ, lorsque la cloche du château annc
çant le dîner, l'intendant entre chez moi et me di
« Son Altesse vous engage à oublier ce qui s'est pass
elle vous prie de venir dîner et faire la paix.

— Prévenez votre maîtresse, lui répondis-je, que
vais partir pour Moscou. »

Un instant après, les deux jeunes princes fils aî
de Mme de Z... vinrent me trouver et me supplière
les larmes aux yeux de ne pas réaliser un dép:
qui affligeait toute la famille, en m'assurant qu'
éviterait à l'avenir tout ce qui pourrait me causer
moindre peine. Je ne pus résister à leurs aimables i
stances. J'allai donc à table, mais il me fut impossi
de rien prendre. On pense bien qu'il ne fut plus qu
tion du plat de fraises. Plus tard j'obtins la certitu
que les fustigations étaient devenues plus rares et se do
naient dans un lieu éloigné du château. Voilà la conce
sion qui fut faite en ma faveur pendant mon séjour cl
Mme de Z...; mais après mon départ les choses reprire
probablement leur marche accoutumée.

J'ai été moi-même témoin des faits que je viens
raconter; je vais en citer encore deux ou trois autre

qui ne se sont pas, il est vrai, passés sous mes yeux,
mais qui n'en sont pas moins exacts.

Mme de T... fait apporter une bouilloire à thé par
sa femme de chambre. Celle-ci, en la posant sur la
table, se brûla la main en prenant la poignée trop
près de la braise, et répandit quelques gouttes d'eau
sur la table.

« Canaille, s'écria avec fureur Mme de T..., reprends
la bouilloire comme tu la tenais.

— Oh! Madame, je me brûle! dit la malheureuse
femme en versant des larmes arrachées par la douleur.

— C'est ce qu'il faut et c'est ce que je veux, répondit
la maîtresse. »

Mme de ..... passe sa vie à lire des romans, étendue sur son ottomane et ensevelie dans les coussins.
Elle est d'une sensibilité si exquise, qu'elle s'évanouit à
la moindre émotion qu'elle éprouve. Les cris de son
chien, la moindre chute d'un de ses enfants lui donnent
des attaques de nerfs épouvantables. Elle parle sans
cesse de sa sensibilité, et répète souvent cette maxime de
l'un de ses livres favoris : « Oh! quel funeste présent du
Ciel qu'un cœur sensible ! » Un jour qu'absorbée dans
la lecture d'un roman nouveau, elle versait d'abondantes
larmes sur les malheurs de son héros imaginaire, elle
entend des cris horribles. Elle sonne avec force; un
domestique arrive. « O mon Dieu! dit-elle en élevant au

ciel ses beaux yeux mouillés de larmes, quel malheur
affreux m'allez-vous annoncer? d'où proviennent ces
cris?

— Madame, c'est votre femme de chambre que vous
avez fait battre pour avoir cassé uue tasse de porce-
laine.

— Ce n'est que ça? Dites que l'on continue, mais
que l'on aille dans l'arrière-cour, afin que ses cris ne
me dérangent pas. »

Et Mme de... reprit paisiblement la lecture de son
roman.

Un boyard qui n'eut jamais, dit-on, d'autre passion
que la chasse, partait en hiver avec sa famille pour une
de ses terres les plus éloignées, et se faisait suivre par
plusieurs traineaux dont un, bien couvert, transpor-
tait ses chiens de chasse favoris; les autres, découverts
contenaient les domestiques de sa femme et les siens. On
vint lui dire que la femme de chambre de sa femme avait
la fièvre, et qu'elle souffrait beaucoup de voyager en
plein air.

« Vous savez, mon cher ami, lui dit son épouse,
combien la santé de ma femme m'est chère, et combien
je souffre de la voir dans le triste état où elle est : per-
mettez-moi donc de disposer en sa faveur du traîneau
occupé par vos chiens.

— Vous n'y pensez pas, Madame, répondit le mari;
vous trouverez dans vos villages cent femmes de chambre

comme la vôtre; mais moi je ne serai jamais assez heureux pour me procurer des chiens aussi utiles et aussi attachés que ceux que vous voulez que j'expose à l'intempérie de la saison.

Cette anecdote m'en rappelle une autre dont l'atrocité est encore plus révoltante.

Un gentilhomme russe ordonna à la femme d'un de ses domestiques d'allaiter de petits chiens qui avaient perdu leur mère. Le mari de cette femme, désespéré de voir dépérir son enfant faute de nourriture et de soins, jeta les petits chiens dans la rivière. Le gentilhomme, outré de colère, mande celui qu'il appelait le coupable, fait apporter un réchaud rempli de braise, et ordonne qu'on lui brûle la plante des pieds... Le malheureux esclave ne périt pas dans les trois jours; ainsi cette barbarie, eût-elle été dénoncée, n'aurait pu avoir de suites devant les tribunaux; ce gentilhomme pouvait dire : « J'ai usé du droit que me donne la loi, et je n'ai point outrepassé les pouvoirs qu'elle m'a délégués. » Il est donc des institutions d'après lesquelles on peut commettre impunément des crimes atroces! Il est donc des pays où un homme peut être en même temps un monstre suivant les lois de la nature, et un homme irréprochable suivant les lois civiles !

Je m'arrête, quoiqu'il me fût facile de multiplier les citations de cette nature, qui pourraient fournir la ma-

tière de nombreux volumes ; mais j'en ai assez dit pou
montrer combien la nation russe est encore éloignée d
la civilisation, malgré le brillant vernis qui recouvre le
individus appartenant aux classes élevées. Ce qu'il fau
drait à ce peuple pour le préparer et l'amener à cett
civilisation, à laquelle il aspire depuis si longtemps e
vain, c'est une religion qui console, soutienne et encou
rage le pauvre dans ses souffrances, qui apprenne a
riche et au puissant à être compatissants et charitable
pour les pauvres, qui dise à l'esclave : Tu es chrétien, e
celte dignité est un titre au-dessus de tous les titres d
la terre ; obéis sans bassesse, sans lâche complaisance,
tout ce qui te sera commandé par ceux qui ont autorit
sur toi, mais seulement dans ce qui n'est pas contraire
la loi de Dieu ; plutôt que de la transgresser, cette loi
souffre tous les tourments et la mort même, Dieu saur
bien récompenser ton martyre et punir tes tyrans. I
lui faudrait enfin une religion qui dise au maître : Dieu
ne t'a donné la puissance sur d'autres hommes que
pour en user comme un père à l'égard de ses enfants
rappelle-toi que, quels que soient ton rang, ta dignité
tu n'es pas plus aux yeux de Dieu que le dernier de te
esclaves ; que l'âme de ce dernier d'entre eux lui es
aussi précieuse que la tienne ; car il les a toutes deux
rachetées au prix de son sang. Rappelle-toi que s'il t'a
comblé de richesses et de puissance dans ce monde, tu
auras un compte d'autant plus terrible à rendre un jour
de la manière dont tu auras usé de ces dons... Peut-être

alors regretteras-tu de n'avoir pas vécu dans la condition de cet esclave que tu méprises et que tu dédaignes.

Sont-ce là les enseignements que donne aux Russes leur religion soi-disant *orthodoxe* ? C'est ce que nous allons examiner.

CHAPITRE XII

Ce que c'est que la religion et l'Église prétendue *orthodoxe*. — Le *saint synode*. — Hiérarchie de l'église russe. — Clergé noir et clergé blanc. — Les moines. — Les popes. — Pauvreté de ces derniers. — Leur intempérance. — Mépris du peuple pour eux. — Églises russes. — Leur architecture. — Leurs ornements intérieurs. — Aucun enseignement n'est donné par le clergé. — Toute la religion réduite en pratiques extérieures. — L'Église russe est privée de vie et d'action.

L'introduction du christianisme en Russie date du commencement du xie siècle. La religion catholique y fut d'abord annoncée, et embrassée par un grand nombre d'idolâtres ; mais, à l'époque du schisme de Photius, des missionnaires grecs partisans de la doctrine schismatique prêchèrent en Moscovie, et y firent de nombreux prosélytes. Ce qui constitue principalement les divergences des deux Églises grecque et latine, c'est d'abord que la première refuse de reconnaître la suprématie et l'autorité souveraine du pape, et qu'en second lieu, contrairement au dogme de foi reconnu par le concile de Nicée, elle n'admet pas que le Saint-Esprit

procède du Père et du Fils , mais seulement du Père par
le Fils. Nous ne parlerons pas des autres points de scis
sion moins importants, tels que ceux qui sont relatifs à
l'administration des sacrements de baptême et d'eucha
ristie , etc.

Mais en même temps qu'elle se séparait de l'Église
universelle , l'Église moscovite n'en restait pas pour cela
plus unie à l'Église grecque, sa mère immédiate, tout en
conservant ses principaux dogmes. Ainsi, l'Église russe
voulut avoir son patriarche tout à fait indépendant du
patriarche de Constantinople, le chef reconnu de l'Église
grecque; puis , au lieu d'adopter la langue grecque pour
sa liturgie , elle traduisit les Écritures saintes en slavon ,
et n'employa que cette langue dans les prières publiques
C'était déjà un grand point de divergence entre les deux
Églises ; mais Pierre Ier y a mis le comble en creusant
un abîme entre les deux institutions par l'abolition du
patriarcat moscovite.

Pierre Ier, qui a réformé l'empire de Russie à tous les
points de vue, a voulu le réformer aussi sous le rapport
des institutions religieuses. Il a voulu subordonner
l'Église à l'État, et ajouter au pouvoir temporel du souverain une autorité spirituelle sans contrôle. Après la
mort du dernier patriarche de Moscou , en 1721, il ne
voulut nommer personne à cette dignité ; puis , après
une vacance de vingt années du siége patriarcal, il déclara cette dignité abolie , et la remplaça par un collége
ou synode perpétuel , composé d'une quinzaine de

membres, évêques ou archimandrites, mais tous nommés par l'autocrate et placés sous sa dépendance. Cette
congrégation, qu'on appelle pompeusement le *saint
synode*, investie du droit de régler toute la discipline
ecclésiastique, d'examiner les mœurs et la capacité des
évêques, de résoudre les questions religieuses, n'est en
réalité qu'un bureau dont les employés, nommés par le
tzar, sont inspirés, contrôlés, dirigés par un procureur
impérial, auquel le tzar donne mission de le représenter (1). Aussi tous les actes du saint synode sont pleins
de ces formules : *Par très-haute volonté, par très-haut
commandement, conformément à la très-haute volonté de
Sa Majesté, Sa Majesté trouve bon, l'ordre suprême, par
très-haut ordre, par très-haute concession*, etc. Ainsi
l'Église russe, placée sous la dépendance absolue d'un
sceptre dit orthodoxe, se voit dépouillée de toute vie
propre, de toute spontanéité, de toute initiative ; les
bulles de ses patriarches sont remplacées par des ukases,
et, au lieu de recevoir l'inspiration du Saint-Esprit, le
saint synode ne reçoit que celle du fonctionnaire civil
ou militaire chargé de représenter l'autocrate ; celui-ci
est donc à lui seul pape et concile ; il tranche les questions
de théologie les plus difficiles, modifie le culte comme il
l'entend, impose des croyances nouvelles, décrète des
saints et les destitue, etc.

---

(1) Sous l'empereur Nicolas, ce procureur était un général de cavalerie. Nous ignorons s'il a conservé ses fonctions sous le règne actuel.

La hiérarchie de l'Église russe se compose de métropolitains, archevêques, évêques, archimandrites ou abbés, igumènes ou prieurs, moines, protopopes ou archiprêtres, popes ou prêtres, diacres, sous-diacres, lecteurs et sacristains. Tous ces dignitaires ou ministres ecclésiastiques appartiennent soit au clergé noir (*tscherno duhovenstvo*), soit au clergé blanc (*bieloi duhovenstvo*) ces deux grandes divisions du clergé russe.

Le clergé noir ou régulier vit dans l'enceinte des couvents, appliqué aux pratiques de la vie religieuse. Il ne constitue dans tout l'empire qu'un seul ordre, dit de Saint-Basile. Les moines sont divisés en deux classes les prêtres et les frères lais, vaquant chacun à des fonctions analogues à leur caractère et à leur instruction les premiers au service de l'autel et à l'étude, les seconds aux travaux matériels du monastère. Les moines-prêtres sont généralement peu nombreux ; c'est parmi eux que l'empereur choisit les hauts dignitaires de l'Église, tels que les métropolitains, les archevêques, les évêques, sur une liste de trois candidats qui lui est présentée par le saint synode. Cette liste, toutefois, n'oblige en aucune façon l'autocrate ; il peut prendre en dehors qui lui convient.

Les moines russes ne mangent jamais de viande ; ils se nourrissent, en temps ordinaire, de poisson, de lait, d'œufs, de beurre ; et, en temps de carême ou d'abstinence, de légumes seulement. Ils font vœu de chasteté et de persévérance. Ils sont exempts de l'impôt personnel ils ne peuvent être faits soldats ni être soumis à des châtiments corporels (1).

Avant et même depuis Pierre Ier, les monastères de Russie possédaient de grands biens, soit en argent, soit en propriétés foncières. Catherine II les en dépouilla pour y substituer une indemnité annuelle payée par la couronne. Cette indemnité est fort minime, s'élevant à quarante roubles (160 francs) par tête de religieux-prêtre; elle n'est affectée, en outre, qu'à un certain nombre de couvents; les autres sont obligés de vivre d'aumônes.

Cet état misérable des couvents, joint aux entraves multipliées que l'institution rencontre dans son organisation légale, est cause du petit nombre de sujets russes qui prennent l'habit religieux. Sur toute la population de l'empire, l'ordre basilien ne fait guère, dit-on, chaque année que trois cents recrues.

Le clergé blanc ou séculier est chargé de l'administration des paroisses, des aumôneries de l'armée et de la flotte, et des couvents de femmes. Toutefois, ce n'est qu'aux protopopes ou archiprêtres, lesquels ont reçu dans leur ordination la plénitude du sacerdoce, qu'il appartient de remplir intégralement toutes les fonctions ecclésiastiques.

(1) On remarquera cette naïveté de la loi russe, qui range parmi les priviléges accordés aux moines la faculté de ne pas être condamnés au knout ou au bâton. Elle fait de même pour les prêtres séculiers; mais ceux-ci peuvent être condamnés à devenir soldats.

Pour qu'un candidat à la prêtrise orthodoxe puiss
être valablement ordonné, il est de rigueur qu'il soit e
gagé dans le mariage; mais si, étant déjà prêtre, il vie
à perdre sa femme, ses pouvoirs sacerdotaux expire
de plein droit, sans qu'il ait la faculté de les faire reviv
en convolant à de secondes noces. Dans ce cas, le prêt
veuf rentre dans la vie civile ou se fait moine, à moi
que, par une haute faveur du saint synode ou de l'er
pereur, il ne soit maintenu dans son caractère, et aut
risé à continuer ses fonctions.

Ce règlement est étrange. Ainsi, dans l'Église *orth
doxe*, c'est le mariage qui devient la base de l'Ordre,
ciment conservateur de l'édifice sacerdotal, en sorte q
les bénéfices du ministère apostolique sont comme u
prime accordée à l'époux dont l'active sollicitude réu
sira le mieux à prolonger les jours de sa femme. De
ce proverbe russe : *Heureuse comme une popesse!*

Les femmes des prêtres, ainsi que leurs enfant
jouissent de tous les droits et priviléges attachés
l'ordre sacerdotal. Le clergé se recrute à peu près e
clusivement parmi les fils de prêtres; il est vrai que to
individu libre de naissance ou affranchi peut, avec
consentement des autorités dont il relève, être ordonr
prêtre orthodoxe; mais le gouvernement ne se prête qu
peu volontiers à ces ordinations extraordinaires; il tien
à ce que le clergé se recrute autant que possible dans so
propre sein, comme s'il craignait que trop de rejeton
étrangers, greffés sur le vieux tronc de la famille sacer

dotale, ne lui rendissent une vigueur qu'il ne se soucie
nullement de provoquer.

De même que les moines, les popes sont exempts de
l'impôt personnel, du recrutement et des châtiments
corporels. Ce dernier privilége est partagé par leurs
femmes ou par leurs veuves. Du reste, tout ceci s'écroule
du moment où le prêtre forfait à ses devoirs. Dans ce cas,
il peut être dégradé de son caractère sacerdotal, incor-
poré dans l'armée, condamné aux travaux forcés en Sibérie.

Les biens des églises ont eu, au xviiie siècle, le même
sort que ceux des couvents. Catherine II les a confisqués.
Le budget qui les a remplacés est misérable. Un métropolitain ne reçoit annuellement que mille roubles
(4,000 francs); un archevêque, que sept cent cinquante
(3,000 francs). Qu'on juge d'après ces chiffres de ce
qui est affecté aux membres inférieurs du clergé! Il faut
donc que les offrandes volontaires et les quêtes suppléent
à l'insuffisance du traitement officiel. Mais ces ressources,
jointes au produit du casuel, sont encore loin d'assurer
au clergé orthodoxe même le nécessaire. Une situation
matérielle aussi déplorable réagit fatalement sur le moral du prêtre russe. Comme sa maison lui fournit à peine
de quoi se nourrir, il cherche toutes les occasions de s'asseoir à une table étrangère. Baptêmes, mariages, enter-
rements, fêtes publiques, fêtes de famille, sont autant
de circonstances où on le voit s'abandonner sans mesure
à son insatiable appétit et à sa soif inextinguible. *Suis-je*

donc un pope, pour dîner deux fois? dit un proverb
que ne manque pas de citer un Russe qu'on invite
s'asseoir à une table quand il a déjà dîné, ou bien qu
l'on presse dans un repas de manger lorsqu'il est dé
rassasié.

L'intempérance est un vice qui engendre tous l
autres, et cette vérité ne s'applique malheureusemen
que trop aux prêtres moscovites; aussi n'est-il pas rar
de les voir tomber dans les désordres les plus honteux, (
dans des crimes qui appellent la sévérité de la justic
séculière (1).

Une des plaies les plus funestes du clergé russe, c'es
l'ignorance. Écoutons à cet égard un écrivain, M. d
Haxthausen, dont le témoignage ne saurait être suspect
« Les ecclésiastiques de mérite, dit-il, sont rares à l
campagne. La plupart des vieux popes sont ignorants

(1) Chaque année le saint synode présente un rapport sur le nombr
des condamnations encourues par les membres du clergé. D'après ce
rapports, en 1836 seulement, 208 *ecclésiastiques ont été dégradés pou
crimes infamants*, et 1985 *ont été condamnés pour d'autres crimes o
délits moins graves;* en tout, 2193 condamnations encourues par le clergé
Or, comme cette année-là le nombre total des membres du clergé russ
s'élevait à 102,456, c'étaient donc deux sur cent qui avaient été flétris pa
les tribunaux. Cette proportion s'accrut encore les années suivantes; l
nombre des prêtres condamnés en 1839 est de *un sur vingt*, et si nou
embrassons une période de trois ans, par exemple de 1836 à 1839, nou
trouvons sortant des mains de la justice *quinze mille quatre cen
quarante-trois* ecclésiastiques, c'est-à-dire le sixième de tout le clergé
russe. Que penser en présence d'une telle statistique, produite, non pa
des écrivains ennemis de la Russie, mais par le *saint* synode lui-même
que penser des prétentions de l'Église *orthodoxe* et de la *sainte* Russie ?

grossiers, sans aucune instruction, et exclusivement oc-
cupés de leurs intérêts personnels. En pratiquant leurs
cérémonies religieuses et en dispensant les sacrements,
ils n'ont souvent d'autre objet en vue que de se procurer
des cadeaux ou des profits. Ils n'ont aucun souci de la
charge d'âmes, et ne répandent ni consolation ni instruction (1). »

Je le demande maintenant, quelle influence peuvent
exercer sur le peuple russe des popes ignorants,
ivrognes, et menant souvent une vie scandaleuse et cri-
minelle? Aussi cette influence est-elle tout à fait nulle.
Le peuple russe, qui porte le sentiment religieux au plus
haut degré, respecte les popes à l'église et pendant la
durée des offices sacrés; hors de là il les traite avec une
familiarité qui tient du mépris. Il y a en Russie des sarcasmes particuliers, des proverbes injurieux qui ne
tombent que sur les popes, des superstitions offensantes
pour eux et qui se perpétuent de siècle en siècle. Nous
avons cité un de ces proverbes, voici une de ces superstitions dont nous voulons parler. Un Russe, n'importe à
quelle classe il appartienne, noble, paysan, marchand
ou soldat, s'il est prêt à entreprendre un voyage ou à
commencer une promenade, et qu'il rencontre un pope
sur la route, regarde cette apparition comme de mauvais augure, et crache à terre pour détruire l'influence
sinistre qui le menace.

(1) *Révélations sur la Russie.*

Ce que je signale ici s'applique surtout au clergé infé
rieur. Le clergé supérieur est, en général, plus heureu
sement partagé. Il est pris, d'ailleurs, parmi l'élite d
clergé noir, où tout ce qu'il y a de science et de vert
dans le sacerdoce russe semble s'être réfugié. Cependant
comme ce clergé n'a presque jamais de rapport direc
avec le peuple, il n'exerce sur lui, malgré le respec
dont ce dernier l'entoure, aucune influence sérieuse
Quant au gouvernement, dont il relève, il se garde bie
d'affecter vis-à-vis de lui la moindre indépendance; tou
métropolitain, archevêque ou évêque moscovite qui tien
à garder sa mitre, sait bien qu'il n'a d'autre parti
prendre que de se faire l'instrument docile, et, au besoin, l'agent zélé des volontés de l'autocrate.

Les églises russes ont un caractère tout particulier
Ordinairement vastes et construites en bois ou en bri
ques, elles forment des espèces de quadrilatères qui
presque toujours, sont disposés en croix. Leur architec
ture semi-asiatique, leurs énormes dômes, qui les fon
ressembler à des mosquées, et qui s'élèvent brillant
d'or ou d'argent, ou recouverts d'une peinture vert
ou bleue parsemée d'étoiles, sont d'un effet pittoresque
Généralement chaque église possède, outre un dôm
principal, quatre autres dômes plus petits; le clocher
séparé de l'église, consiste souvent en une tour élevé
comme une colonne au milieu du cimetière qui envi-
ronne l'édifice sacré.

L'intérieur des églises russes étonne plus qu'il n'impose. En y prodiguant la pompe des ornements, le clergé n'a pas eu l'art de leur imprimer ce caractère de grandeur et de solennité qui fait éprouver un sentiment de respect et de vénération à quiconque pénètre dans les églises catholiques romaines.

L'enceinte de l'église se divise en trois parties. La plus interne et la plus sacrée contient l'autel, que surmonte une croix d'or ou d'argent massif, et sur lequel est placé un exemplaire des Écritures richement relié, avec fermoir d'argent ou d'or, et souvent orné de pierres précieuses. La nef, destinée à recevoir l'assemblée, forme la seconde partie; elle est séparée de l'autel par l'*ico-nostare,* espèce de rideau sur lequel sont représentés Jésus-Christ, la Vierge, les apôtres et quelques saints, et qui forme au milieu ce qu'on nomme les portes impériales, lesquelles s'ouvrent à différentes reprises, pendant le service, pour offrir aux fidèles la vue du sanctuaire. Ces peintures, qui sont en général assez mauvaises, se bornent à laisser à découvert la figure, les mains ou les pieds des personnages qu'elles sont censées représenter. Le corps et les vêtements ne sont autre chose qu'une feuille d'or ou d'argent en relief, garnie partout de pierreries d'une valeur inestimable, offrandes séculaires de la piété des fidèles. La troisième partie de l'église est le *trapèze* ou le porche, rempli par la foule des fidèles qui n'ont pu trouver place dans la nef.

Quand le peuple russe assiste aux offices de sa religion, il ne s'occupe guère du sens des rites et de symboles qui s'y déploient. Religieux par instinct il ne discute ni ne raisonne sa foi; il ignore même communément les dogmes qui la constituent, et d'ailleurs comment pourrait-il les connaître? Jamais de sermon, jamais de prédications pour l'instruire de sa religion, lui enseigner sa morale et les devoirs qu'elle impose. On ne lui a jamais appris à élever son âme à Dieu, et pour lui tout le culte consiste en génuflexions et en signes de croix. Plus il se courbera profondément, plus il se sillonnera la poitrine, plus il croira avoir bien mérité du ciel. Paresseux de la pensée il ne recherche point la raison d'être des causes auxquelles il obéit : il les accepte telles quelles, et s'y soumet aveuglément; nous l'avons déjà dit, le Russe est fataliste.

De telles dispositions tiennent sans aucun doute à la nature insouciante et superficielle de la race slave; mais elles ont été singulièrement fortifiées dans le Russe par le régime de fer auquel il est soumis. Quand un esclavage séculaire pèse sur un peuple, il tue en lui jusqu'au dernier germe de spontanéité et d'initiative.

Une autre cause qui contribue à ensevelir le Russe dans cette torpeur morale, c'est l'action même de l'Église à laquelle il appartient. Un de nos grands orateurs chrétiens, le P. Lacordaire, a dit une profonde vérité en définissant l'Église russe : « L'Église catholique réduite à

l'état de pétrification. » Oui, dès l'instant que l'Église
grecque s'est séparée de l'Église catholique, elle n'a
plus été qu'une branche retranchée du tronc d'où elle
tirait la séve et la vie; elle s'est desséchée, elle est
morte. Elle est devenue un des rouages, un des instruments du despotisme, voilà tout. Mais l'empereur
de toutes les Russies, aidé de ses armées de soldats et
de toute sa formidable puissance d'autocrate, aura beau
s'évertuer, il n'investira jamais son Église gréco-russe
orthodoxe d'une puissance que Dieu ne lui a pas
donnée. On peut la rendre persécutrice (comme il l'a
fait en Pologne et dans quelques provinces); on ne la
rendra point apostolique, c'est-à dire civilisatrice et
conquérante dans le monde moral : discipliner les
hommes, ce n'est pas convertir les âmes. Cette Église
politique et nationale n'a ni la vie morale, ni la vie
surnaturelle. Tout vient à manquer à qui manque
d'indépendance. Le schisme, en séparant le prêtre de
son chef indépendant, le souverain Pontife, le met
aussitôt dans la main de son chef temporel, empereur ou roi : ainsi la révolte est punie par l'esclavage. Il faudrait douter de Dieu, si l'instrument de
l'oppression devenait aussi celui de la délivrance (1).

Ainsi la religion russe, esclave elle-même, ne peut
rien pour l'amélioration du sort du peuple. « Ce qu'il
faudrait à ce peuple, dit l'écrivain que nous venons

(1) M. de Custine, *Lettres sur la Russie*.

de citer, c'est une religion indépendante et conquérante : la Russie a de la foi ; mais la foi politique
n'émancipe pas l'esprit de l'homme, elle le renferme
dans le cercle étroit de ses affections naturelles; avec
la foi catholique, les Russes acquerraient bientôt des
idées générales basées sur une instruction raisonnable,
et sur une liberté proportionnée à leurs lumières.....
Le peuple russe est de nos jours le plus croyant des
peuples chrétiens : vous venez de voir la principale
cause du peu d'efficacité de sa foi. Quand l'Église ab-
dique la liberté, elle perd la virtualité morale; esclave,
elle n'enfante que l'esclavage. On ne peut assez le répéter, la seule Église véritablement indépendante, c'est
l'Église catholique, qui seule aussi a conservé le dépôt
de la vraie charité; toutes les autres Églises font
partie constitutive des États, qui s'en servent comme
de moyens politiques pour appuyer leur puissance. Ces
Églises sont d'excellentes auxiliaires du gouvernement;
elles peuvent former des sujets dociles, même des ci-
toyens ; l'Église catholique seule fait des hommes (1). »
La religion catholique seule pourrait donc faire en
Russie ce qu'elle a fait dans le reste de l'Europe,
préparer et amener par degré l'émancipation des serfs,
et doter cette nation des bienfaits d'une véritable civilisation; les moyens employés jusqu'à présent par
le pouvoir autocratique n'ont agi qu'à la surface; ils

(1) M. de Custine, *Lettres sur la Russie.*

ont caché la plaie sans la guérir. « La bonne civilisation va du centre à la circonférence, tandis que la civilisation russe est venue de la circonférence au centre :
c'est de la barbarie recrépie, voilà tout. »

CHAPITRE XIII

On a pu voir par ce qui précède que, quoique prisonnier, ma position, depuis mon arrivée à Saratof, n'était
pas très-malheureuse. Accueilli avec prévenance dans
les principales maisons de la noblesse de la ville et des
environs, gagnant par mon travail de quoi subvenir et
au delà à tous mes besoins, j'aurais été heureux si on
pouvait l'être quand on est privé de sa liberté; car,
quoique le gouverneur eût supprimé en ma faveur les
restrictions imposées aux autres prisonniers, et qu'il
me fût permis de voyager sans permission spéciale dans
toute l'étendue du gouvernement de Saratof, je n'en
sentais pas moins la chaîne qui me retenait captif;
quoique ma prison eût cent lieues de long et autant de

large, c'était toujours une prison, et je ne soupirais pas moins avec ardeur après le jour où il me serait donné de revoir ma belle patrie.

Mes compagnons avaient su se créer aussi une existence facile et agréable. Ils avaient formé des liaisons avec la plupart des familles nobles du pays; quelques-uns avaient tiré parti de leurs connaissances pour se créer des ressources supplémentaires : les uns donnaient des leçons de langue française, d'autres enseignaient les mathématiques, l'escrime, le dessin, etc. Plusieurs avaient pris comme moi des logements en ville, à leurs frais; mais à certains jours de la semaine, et régulièrement tous les dimanches, nous nous réunissions à notre caserne pour causer librement entre nous. Là nous nous communiquions les nouvelles que chacun avait pu recueillir. Pendant l'été de 1813, nous suivions avec anxiété les phases diverses de la campagne qui s'était ouverte sous les plus sinistres auspices : la défection de la Prusse, le soulèvement de l'Allemagne entière contre les Français, nous avaient d'abord jetés dans le découragement; puis les victoires de Lutzen, de Bautzen et de Wurtchen, avaient relevé nos espérances; nous croyions voir la fortune réconciliée avec l'empereur. Le congrès de Prague, la suspension des hostilités, nous faisaient espérer une paix prochaine et le retour dans nos foyers; mais bientôt la rupture de ce congrès et la réunion de l'Autriche aux puissances coalisées nous rejetèrent dans de nouvelles inquiétudes. Nous éprouvâmes longtemps ces alternatives de crainte et d'espérance ; puis les nouvelles s'assombrirent à l'approche de l'hiver. Le désastre de Leipzig, suivi de l'invasion de la France, nous plongea dans la prostration la plus accablante.

Les Russes triomphaient ; ils se faisaient une joie maligne de nous raconter leurs succès, qu'ils exagéraient encore à plaisir. Je fus obligé de cesser d'aller dans plusieurs maisons pour ne pas entendre les propos injurieux qu'on ne se gênait pas de tenir devant moi contre la France et son empereur. Un seule personne ne démentit pas le caractère de générosité que j'avais remarqué en elle. Mme la comtesse K... non-seulement ne se permit jamais devant moi la moindre allusion blessante contre ma patrie et son chef ; mais plus d'une fois elle arrêta les sarcasmes de cette nature que d'autres personnes lançaient en ma présence, et certainement à mon intention.

Longtemps nous voulûmes douter ; longtemps nous regardâmes comme des fables les succès des Russes en France, leur entrée dans Paris, la chute de Napoléon. Enfin le moment vint où le doute ne fut plus permis. Un jour le gouverneur nous fit appeler tous chez lui, en annonçant qu'il avait à nous faire une importante communication. Quand nous fûmes réunis, il nous donna lecture de la capitulation de Paris signée par les maréchaux Mortier et Marmont ; un bulletin annonçant l'entrée à Paris de l'empereur Alexandre et du roi de Prusse ; la proclamation du sénat prononçant la déchéance de Napoléon, et rappelant les Bourbons au trône de France; enfin un ordre émané de l'empereur Alexandre qui rendait à la liberté tous les prisonniers français actuellement en Russie.

Cette dernière communication fut accueillie par nous avec des transports de joie, et nous fit oublier un instant ce que les deux premières avaient de blessant pour notre orgueil national. La chute de Napoléon produisit sur nous tous une douloureuse impression, dont ne peuvent se rendre compte ceux qui n'ont pas servi sous les ordres de ce grand capitaine. Quant au retour des Bourbons, il nous trouvait à peu près indifférents; nous ne ressentions pour eux ni affection ni haine; nous ne connaissions pas même de nom celui d'entre eux qui allait remonter sur le trône de ses pères; ce que nous voyions de plus heureux dans leur restauration, c'était la conservation de l'unité et de l'intégrité de la France, pour qui nous avions craint un instant le sort de la Pologne.

Le gouverneur me retint à dîner, voulant, me dit-il, fêter avec moi en famille *ma sortie de prison.* Mme K... fut fort aimable, comme à son ordinaire.

« Je ne sais pas, dit-elle à son mari, quelle idée vous avez eue de faire une fête pour un événement qui va nous causer une bien douloureuse privation, puisque nous allons perdre tout à la fois un ami et un médecin en qui nous avons toute confiance.

— C'est vrai, répondit le mari; mais si le docteur est

réellement notre ami, comme vous le dites, peut-être ne
le perdrons-nous pas. Il n'a pas eu trop à se plaindre de
son séjour parmi nous pendant sa captivité; maintenant
qu'il est libre, nous pouvons lui offrir des avantages tels
qu'il pourra se décider à se fixer parmi nous.

— Général, repris-je en m'adressant au gouverneur,
je pense que vous n'avez voulu que répondre sur le
même ton à un compliment trop flatteur que m'adressait
Madame ; mais auriez-vous parlé sérieusement, je m'em-
presse de vous dire que je conserverai toujours un profond sentiment de reconnaissance pour les bontés que
vous avez eues pour moi pendant mon séjour ici. Quant
à me fixer dans ce pays, cela m'est impossible ; jamais
je ne me suis senti un plus grand désir de revoir la
France : si ce désir ne se satisfaisait pas, je serais
attaqué de nostalgie, et cette maladie serait mortelle
pour moi.

— C'est fâcheux, car ce que je vous disais était très-
sérieux. Je vous aurais obtenu la place de médecin en
chef du gouvernement de Saratof, avec mille roubles
d'appointements fixes, sans compter vos frais de tournée; je vous aurais assuré un traitement de cinq cents
roubles, comme mon médecin ordinaire, plus le paie-
ment de toutes les visites extraordinaires en cas de
maladie. La clientèle que vous avez déjà se serait accrue
au point que vous auriez joui ici d'une position qu'eût
enviée plus d'un des premiers médecins de Pétersbourg
et de Moscou.

— Je reconnais combien sont grands et réels les avantages que vous m'offrez ; mais le seraient-ils dix fois plus, cent fois plus, je ne pourrais les accepter.

— Je n'insiste pas, reprit le gouverneur ; vous réfléchirez ; et, si par hasard vous vous déterminez à accepter mes offres, je serai toujours prêt à les réaliser. »

Mes réflexions étaient toutes faites ; car déjà depuis quelque temps diverses insinuations m'avaient préparé à la proposition du gouverneur. M. de Marcilly, pendant son séjour à Saratof, avait même été chargé de me sonder à ce sujet. Je lui avais demandé ce qu'il en pensait lui-même.

« C'est une question grave et complexe, m'avait-il répondu ; mais vous seul pouvez la résoudre, après que vous l'aurez envisagée sous toutes ses faces. Il est un point surtout d'une haute importance, c'est d'étudier le peuple au milieu duquel on vous propose de vivre ; je vous aiderai de mes lumières et de mon expérience, vos propres observations feront le reste, et vous verrez alors si vous croyez pouvoir vous habituer au milieu d'une nation si différente de la nôtre. »

C'est alors que M. de Marcilly me fournit tous ces détails sur les mœurs et les usages des Russes, dont j'ai donné un extrait dans les chapitres précédents. A la fin de l'été 1813, il était retourné en Crimée, dont le climat convenait mieux à sa santé que celui de Saratof. Mais il m'avait mis en état de continuer par mes propres observations l'étude que nous avions commencée ensemble.

Aussi depuis longtemps ma résolution était-elle irrévocablement fixée. Vivre en Russie, même dans un palais, au milieu de l'opulence, eût été pour moi un supplice, et j'aurais préféré habiter en France une cabane, eussé-je dû y gagner ma vie à la sueur de mon front.

Je n'avais pas cessé de correspondre avec M. de Marcilly depuis son départ. Le lendemain du jour où l'on nous avait annoncé notre liberté, je reçus de lui une lettre dans laquelle il me donnait des détails beaucoup plus circonstanciés sur les événements accomplis récemment en France. Pour lui, le retour des Bourbons était le signal d'une ère nouvelle de bonheur, et de prospérité pour notre patrie. Lui aussi, après plus de vingt-cinq ans d'exil, il voulait aller revoir la France et y mourir. Cette fois, il n'hésitait pas à me donner son avis sur la réponse que j'aurais à faire si l'on me proposait de me fixer en Russie.

« Avant la restauration du trône légitime, me disait-il dans sa lettre, on pouvait balancer; aujourd'hui l'hésitation n'est plus permise. Je vous attends ici, et nous nous embarquerons ensemble sur un bâtiment que le duc de Richelieu a frété à Odessa pour lui et pour tous les Français qui se trouvent dans ce pays. »

Il me traçait ensuite mon itinéraire depuis Saratof jusqu'à Goursouf en Crimée, où je devais le rejoindre; puis de là nous irions ensemble à Odessa pour nous embarquer.

Cette route était plus longue que celle de terre; mais

elle était moins pénible et mille fois plus agréable. Tra
verser le Pont-Euxin, le Bosphore, la mer Égée, voi
Constantinople, la Grèce, la Sicile, l'Italie, et abordé
à Marseille, valait mieux sans contredit que traverser le
steppes immenses de la Russie et de la Pologne, mêm
la Prusse et l'Allemagne, où nous n'avions à retrouvé
que de tristes souvenirs.

Le gouverneur avait reçu en même temps que moi un
lettre de M. de Marcilly, qui lui faisait part de ses pro
jets, et de l'espoir qu'il avait de me voir bientôt m
réunir à lui. Il me demanda une dernière fois si j'ava
bien réfléchi à ses propositions. On comprend quelle fu
ma réponse. Me voyant bien décidé à partir, il me donn
des passe-ports pour que je ne fusse pas inquiété dar
ma route; car cet itinéraire n'étant pas celui des autre
prisonniers, il me fallait une autorisation spécial
pour le suivre. J'obtins aussi un laissez-passer pou
M. Rancey, mon secrétaire, et le 1er juillet 1814 nou
partimes de Saratof, après avoir serré la main à no
camarades, en nous donnant rendez-vous en France.

J'avais loué une barque sur laquelle nous descendîme
le Volga jusqu'à Sarepta. Dans les diverses stations o
nous mîmes pied à terre, nous rencontrâmes des soldat
français qui avaient fait partie de notre convoi de prison
niers. Tous se préparaient joyeusement au retour dar
la patrie. Ils n'avaient pas été à beaucoup près auss
bien que nous; car ils ne touchaient aucune solde, et n
recevaient que la ration accordée aux soldats russes

cependant un grand nombre d'entre eux avaient su se créer des ressources par leur industrie. Ils avaient trouvé chez les frères Moraves, qui habitent en grand nombre Sarepta et les environs, un accueil bienveillant. Quelques-uns même avaient su, par leur intelligence et leur bonne conduite, amasser un petit pécule qui allait leur être d'un grand secours pour la route.

De Sarepta nous prîmes une voiture pour nous transporter sur le Don, à quatre-vingts verstes (vingt lieues environ) de Sarepta. Nous traversâmes un pays occupé par les Cosaques du Don, et le lendemain de notre départ de Sarepta nous arrivâmes dans un village sur les bords de ce fleuve, où nous trouvâmes un bâtiment qui nous conduisit jusqu'à Taganrog. Il y avait dans ce port bon nombre de ces petits bâtiments, qui seuls peuvent naviguer sur la mer d'Azof, le peu de profondeur de cette mer ne le permettant pas aux gros navires. Nous frétâmes un de ces bâtiments, et deux jours après notre départ nous entrions dans le Bosphore Cimmérien, aujourd'hui détroit de Taman ou de Iénikalé. Nous relâchâmes dans cette dernière ville, dont la forteresse commande le détroit. Je profitai de ce temps pour visiter Kertch, l'ancienne Panticapée, capitale du royaume de Pont. Cette ville n'offre aujourd'hui rien de remarquable que son musée, riche dépôt des antiquités grecques trouvées dans la Tauride. On voit aux environs de Kertch une grande élévation appelée *Altyn-Abo*, et que le vulgaire croit être le tombeau de Mithridate.

Après avoir franchi le détroit, nous nous dirigeâmes à l'ouest, en longeant les côtes de la Crimée. Rien n'est magnifique comme le tableau qui se déroule à vos yeux le long de ce rivage. Une chaîne de montagnes à l'aspect varié et imposant, formant de grandes masses calcaires mêlées de marbres rouges et blancs, de jaspe et de grès, s'élève parfois en forme de piliers perpendiculaires, serrés les uns contre les autres comme des tuyaux d'orgues. Ici la montagne s'avance et forme un cap plus ou moins saillant; là elle s'entr'ouvre pour livrer passage à quelques cours d'eau; plus loin l'ouverture s'élargit et forme une petite baie, dont le rivage paraît couvert d'une riche végétation; des villes, des villages, des maisons de campagne sont répandus çà et là tout le long de cette côte, et à des distances assez rapprochées.

Enfin nous abordâmes à Goursouf, et bientôt je pus serrer dans mes bras mon excellent ami, M. de Marcilly, qui m'attendait avec impatience; car le bâtiment qui devait nous conduire en France ne pouvait tarder à partir, et nous avions encore un long trajet à faire pour le rejoindre. Nous ne restâmes que le temps nécessaire pour les derniers préparatifs de notre départ.

Je ne pouvais me lasser d'admirer la campagne aux environs de Goursouf. On se croirait au milieu des plus beaux sites de nos provinces méridionales plutôt qu'en Russie. Partout une végétation riche et luxuriante couvre la terre; la vigne, l'olivier, le grenadier, l'oranger, le citronnier, embaument l'air de leurs parfums, et réjouissent la vue de leur feuillage varié. On ne saurait se figurer combien ce spectacle avait d'attraits pour moi surtout, dont les yeux depuis deux ans n'étaient accoutumés qu'à la triste monotonie des steppes des bords du Volga.

Il y a à Goursouf un château des gouverneurs de la Tauride. Il a été longtemps habité par M. le duc de Richelieu, qui a laissé un souvenir si cher aux habitants de cette contrée (1). Un autre spectacle non moins intéressant pour moi que celui d'une belle nature, c'était l'aspect d'hommes qui n'étaient point esclaves. Les nobles seuls, il est vrai, possèdent des terres; mais les paysans les cultivent comme fermiers et moyennant une redevance, qui leur permet de vivre honorablement, et d'exercer une des vertus qui distinguent ce peuple, l'hospitalité.

Nous partîmes le surlendemain de mon arrivée pour Sébastopol, en suivant une route qui parcourt tout le

(1) Voici ce qu'écrivait un voyageur qui a visité la Crimée en 1820. « Je ne connais personne qui ait laissé une mémoire plus vénérée hors de sa patrie. Les Tatars prononcent toujours son nom avec émotion et tendresse. « Nous le regrettons sans cesse, me dit le podestat de Goursouf. » Je lui répondis que je connaissais beaucoup M. de Richelieu ; et cela seul fut pour moi, auprès des habitants, une meilleure recommandation que n'aurait pu l'être un firman. Je ne saurais vous exprimer avec quelle curiosité ils m'écoutèrent quand je leur dis : « Il est le premier après le roi ; il jouit de l'amour et de la confiance bien mérités de ses compatriotes ; et cependant il se rappelle toujours ces lieux, qu'il reviendra peut-être visiter un jour. » A ces mots mes auditeurs versèrent des larmes de joie, et s'écrièrent : « Que Dieu le fasse ! »

littoral. Je ne me lassais pas d'admirer les sites variés et riches qui s'offraient à mes regards, et je ne pus m'empêcher de dire à M. de Marcilly qu'il devait regretter un si beau pays.

« Je le regretterais en effet, me répondit-il, si ce n'était pas aujourd'hui une province russe. Mais quand je pense aux malheurs qui ont accablé ce pays depuis que l'impératrice Catherine II s'en est emparée par une infâme trahison; qu'elle a fait transporter soixante-quinze mille de ses habitants dans les steppes voisins de l'embouchure du Don, où presque tous sont morts de froid, de faim et de nostalgie; que l'intérieur de la Crimée, autrefois si fertile, est maintenant un désert inhabitable; quand je pense qu'un caprice d'un autocrate peut d'un instant à l'autre changer la condition de ces bons habitants au milieu desquels j'aimais tant à vivre, depuis que M. de Richelieu leur avait fait sentir ce que peut pour le bonheur d'un peuple un pouvoir intelligent et paternel, je me sens disposé à quitter sans regret un pays auquel m'attachait surtout la présence d'un homme de bien qui en était devenu en quelque sorte la providence. »

Après avoir parcouru une vallée connue sous le nom de Baïdar, nous arrivâmes à Inkermann, ou la ville des Cavernes : c'est une montagne dont la déclivité est toute percée de grottes qu'on suppose avoir été creusées dans le IVe siècle par les ariens fuyant la persécution des empereurs byzantins.

Nous arrivâmes enfin, sur le soir de la même journée, à Sébastopol, ville bâtie en 1786 par les Russes sur l'emplacement d'un village tatare nommé Akhtiar.

« Cette ville, me dit le lendemain M. de Marcilly pendant que nous la parcourions, est le principal but que s'est proposé la Russie en s'emparant de la Crimée. Voyez ce port et cette rade spacieuse, voyez ces casernes, ces arsenaux, ces forteresses qui s'élèvent de tous côtés comme par enchantement; c'est le nid de l'aigle à deux têtes, d'où il étend ses regards sur l'Europe et sur l'Asie; c'est de là que partiront, dans un temps donné, la flotte et l'armée qui fondront sur Constantinople comme sur une proie assurée, et feront de l'empire ottoman une annexe de l'empire de Russie.

— Dieu merci, répondis-je en souriant, vos prévisions ne se réaliseront pas de sitôt, et j'espère même qu'elles ne se réaliseront jamais. J'en ai pour garant la paix universelle qui vient d'être signée entre toutes les puissances, et le caractère sage, modéré, plein d'honnêteté et de franchise qu'a déployé l'empereur Alexandre dans cette circonstance.

— Ne vous y fiez pas, reprit M. de Marcilly; non que je veuille en rien diminuer la bonne opinion que vous avez de l'empereur Alexandre; je suis prêt avec vous à reconnaître en lui les meilleures qualités possibles; mais, comme il l'a dit lui-même, il n'est qu'un heureux accident sur le trône de Russie. Et d'ailleurs,

15

comment ne pas se montrer modéré, quand tout lui
réussit à souhait? La campagne de 1812, qui menaçait l'existence de son empire, a renversé le seul adversaire qu'il eût à redouter, et l'a placé à la tête du
conseil des souverains. Son influence s'étend sur toute
l'Europe, et l'on parle de sa modération parce que,
dans le partage des dépouilles du grand empire qui
vient de s'écrouler, il s'est contenté du royaume de
Pologne. Ainsi s'est accomplie une des conditions
essentielles du testament de Pierre Ier; quant au reste,
soyez persuadé que si ce n'est pas Alexandre, ce sera
un de ses successeurs qui tentera de l'exécuter; car
cette pensée est celle de tout homme appelé à monter
sur le trône des tzars; et cette pensée se réalisera,
à moins que Dieu n'inspire aux nations de l'Occident
d'oublier leurs rivalités et leurs haines passées, pour
unir leurs efforts contre l'ennemi commun. »

Il y a, au moment où j'écris ces lignes, quarante-un
ans que ces paroles me furent dites en parcourant
les rues de Sébastopol. Je ne les ai jamais oubliées,
et je les reproduis ici comme la conclusion de ce livre,
le lendemain du jour où Sébastopol vient de tomber
au pouvoir des armées de la France et de l'Angleterre,
unies pour s'opposer à la réalisation de la clause la plus
importante du testament de Pierre Ier, l'occupation de
Constantinople.

———

Un aviso appartenant à la marine militaire, car les navires de commerce n'entraient pas à Sébastopol, nous transporta rapidement à Odessa. J'admirai cette ville, créée comme par enchantement, et qui doit le développement rapide de sa prospérité à l'habileté de M. le duc de Richelieu. Je visitai les principales églises, l'amirauté, la douane, la bourse, le théâtre et le collége fondé par M. de Richelieu, sous la direction de M. l'abbé Nicolle, qui plus tard remplit à Paris les fonctions de recteur de l'académie. Ce collége a reçu en 1818 le nom de lycée Richelieu. Pendant trois jours je ne cessai de parcourir la ville, et d'y trouver à chaque instant de nouveaux sujets d'admiration. J'étais fier et heureux de cette pensée, que ce que j'avais vu de plus beau, de plus remarquable et de plus utile en Russie, était l'ouvrage d'un Français.

Nous nous embarquâmes sur un bâtiment génois, le 10 août 1814, deux ans et deux mois après mon arrivée en Russie. Le 25 du même mois, nous débarquâmes sans incident remarquable dans le port de Marseille.

TABLE

CHAPITRE I

CHAPITRE II

CHAPITRE V

CHAPITRE VI

CHAPITRE VII

CHAPITRE VIII

CHAPITRE XII

CHAPITRE XIII

Tours, imp. MAME.

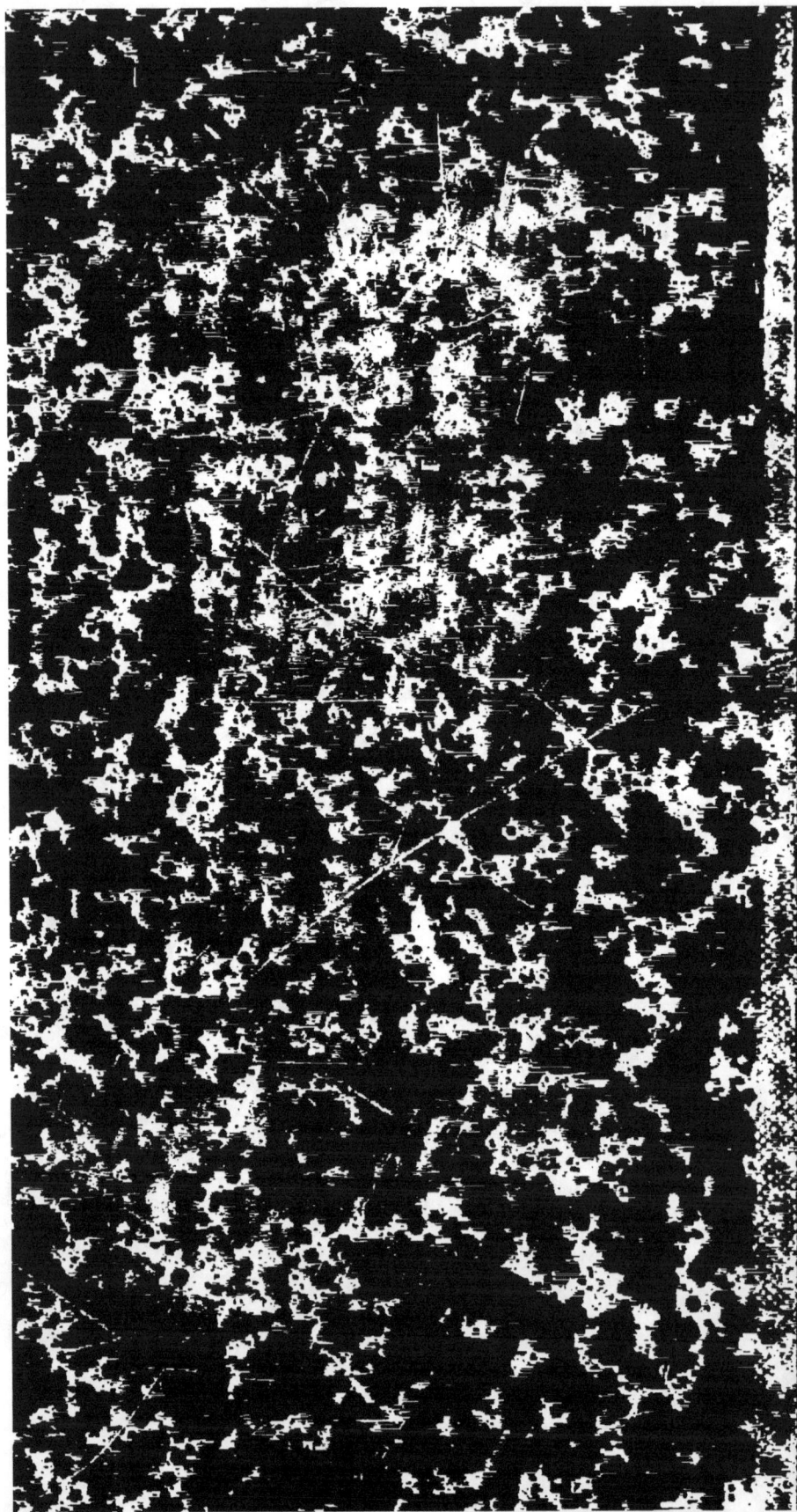

www.ingramcontent.com/pod-product-compliance
Lightning Source LLC
Chambersburg PA
CBHW070815270326
41927CB00010B/2427